이탈리아어
통사론

이탈리아어 통사론

김 운 용 지음

한국학술정보[주]

대학교 3학년 때 부전공 과목으로 영어학 개론을 듣고 언어학에 반한 후 20년이라는 시간이 흘렀다. 그리고 이탈리아어의 접어에 대해서 박사학위논문을 쓴 지 8년이 흘렀다. 흔적을 남기고 싶은 욕심에 한국학술정보(주)에서 두 개의 단행본을 출판하기로 했다. 하나는 박사학위논문을 일부 고쳐서 단행본으로 내는 것이고, 다른 하나는 이탈리아어 접어에 관한 주제이지만 박사학위논문에서 다루지 못했던, 또는 미흡했던 주제들을 한 편씩 논문으로 쓰고, 학술지에 기고했던 글들을 모아서 하나의 단행본으로 내는 것이다.

첫 단행본은 핵어 중심 구구조문법(Head-driven Phrase Structure Grammar)의 틀 안에서 형태-통사론적 관점으로 로망스어계의 언어 중 하나인 이탈리아어의 접어현상을 다루었다. 이 단행본에서 다루게 되는 접어는 그리스어의 중간 동사가 라틴어로 번역되면서 굴절어미 -tur가 나오게 되고, 이러한 형태는 다시 이탈리아어 -si 형태가 되어 나타난다. 다른 로망스어계 언어에서도 형태/통사/의미적으로 분화되어 나타나지만, 큰 틀 안에서는 공통적으로 나타나는 현상으로 간주되며, 인접 학문을 다루는 연구자들이 관심을 가질 만한 주제인 것 같다.

　이 단행본에서 다루는 내용은 크게는 세 가지이다. 접어의 지위, 접어의 순서, 접어와 과거분사의 일치가 그것이다. 먼저 이탈리아어의 접어들을 전통문법에서는 굴절적 요소와 비굴절적 요소로 나누어 기술하고 있다. 파생적 측면에서는 굴절적 요소이지만 통사적 측면에서는 비굴적 요소로 보는 것이 타당함에도 불구하고, 비인칭 주어 si, 직접 목적 대명사, 간접 목적 대명사, 부분 대명사 ne, 장소 부사 ci / vi, 중간태 si는 비굴절적인, 또는 독립된 요소로 다루고, 재귀사와 내재 재귀사는 굴절적인 요소로 다루고 있다. 그래서 접어들의 문법적 지위에 대해서 어떻게 세분화할 수 있는지 다루었다. 이러한 결과로 접어들을 어미적 성격의 접어, 단어적 성격의 접어 그리고 구 성격의 접어로 세분하였다. 이 접어들이 동사에 기대어 하나만 사용되는 것이 아니라 여러 접어가 동시에 나타나게 되는데, 이것들 간의 어순을 어떻게 이야기할 수 있는지가 이 단행본에서 또 하나의 관심사이다. 접어가 내용어의 기능만을 갖는다면 일반적인 통사규칙으로 어순을 포착할 수 있을 것이다. 하지만 접어는 내용어의 성격을 갖는 것도 있지만 기능어의 성격을 갖는 것도 있어, 이들 간의 순서를 통사적으로만 포착하기 어렵기 때문에 템플릿을 통해서 접어 간의 어순을 정리해 보았다.

마지막으로 이탈리아어의 접어와 분사 사이의 일치관계를 어떻게 설명할 수 있는지 알아보았다. 접어가 과거분사와 일치관계를 갖는 것은 어미적 성격보다는 독립 단어적 성격이 강한 부류에 속하는 요소들이 갖는 현상 중 하나이고, 굴절적 요소로 설명하는 데에는 한계가 있는 현상 중 하나이다.

도서관 책장에 꽂혀 있을 논문을 단행본으로 세상에 나오게 해 준 한국학술정보(주)와 출판사업부 임은정 씨에게 감사를 표한다. 그리고 학문적 동반자로서 이야기 상대가 되어 주는 이찬종 선생님과 동반자로서, 형님으로서 항상 함께해 준 오승태 선생님께 감사드린다. 그리고 이 부족한 논문을 다듬어서 글이 되게 해 주고, 학문적으로 성숙하게 만들어 준 지도교수님이신 채희락 교수님께 감사드린다.

김운용

목 차

서 론

이 연구의 목적은 이탈리아어 접어(clitic)와 일치 현상을 핵어 중심 구구조문법(Head－driven Phrase Structure Grammar)의 틀로 설명하는 데에 있다. 접어가 이 연구의 주제가 된 이유는 다음과 같다. 접어를 단어로 분석해야 하느냐, 아니면 굴절 어미(inflectional affix)로 분석해야 하느냐 하는 것은 형태론이나 통사론에서 중요한 관심사 중의 하나이다. 형태론에서는 단어성(wordhood)을 이해하고 굴절 체계를 세우기 위해서 접어의 본질에 대해서 관심을 갖게 되었다. 통사론에서는 접어를 단어의 '퇴화된' 형태로 간주하여 원칙적으로는 단어로 취급하려는 시도가 있어 왔다. 접어는 독립 단어와 어미의 양면성을 가지고 있으므로 형태－통사부의 상호작용(interface)이 어떻게 되는지를 바탕으로 설명되어야 한다. 접어가 순전히 통사적인 현상만을 보인다든지, 순전히 형태론적인 현상만을 보이지는 않기 때문이다.

이 연구의 주된 관심은 세 가지이다. 첫째는 이탈리아어에 나타나고 있는 다양한 종류의 접어들이 동일한 문법적 현상을 보이는 지 알아보는 것이다. 둘째는 이탈리아어의 접어와 접어 사이의 순서를 어떻게 설명할 수 있는지 살펴보는 것이다. 셋째는 이탈리아어의 접어와 분사 사이의 일치관계를 어떻게 설명할 수 있는지 알아보는 것이다.

이탈리아어 접어에 대한 지금까지의 분석은 접어들이 보이는 문법적 현상을 '이동'(movement)으로 보려는 다층위 문법적(multistratal grammar) 부류와 '기저 생성된'(base – generated) 것으로 보고 설명하려는 단층위 문법적(monostratal grammar) 부류로 나뉜다. Monachesi(1993, 1994, 1995)는 다양한 이탈리아어 접어들을 동일한 종류의 굴절접사로 보고 단층위 문법인 핵어 중심 구구조문법의 틀로 설명을 시도한다. 그러나 이 연구에서는 접어가 음운론적 기준, 형태적 기준 그리고 통사적 기준에 따라서 분석했을 때 유형별로 차이점을 보이기 때문에 동일하게 분석해서는 안 된다고 본다.

이탈리아어에서 접어와 접어 사이의 순서를 설명하기 위해서 사용하는 방법은 통사적인 분석 방법과 형태론적인 분석 방법이 있다. 통사적인 분석 방법에서 나타나는 문제점은 어순을 규정하는데 한계가 있다는 것이다. 접어의 위치나 배열상에서 통사적인 어순을 지키고 있지는 않기 때문이다. 형태론적인 분석에서는 주로 Perlmutter(1971)가 제시한 템플릿(template)을 활용한다. Lepschy(1989), Lepschy & Lepschy(1988)와 Monachesi(1995)는 접어와 접어 사이의 순서에서 나타나는 특이성을 템플릿으로 포착하려고 시도하지만 완전한 해결책을 제시하지는 못한다. 이 연구에서는 슬롯(slot)의 수를 줄이고 제약을 두는 새로운 템플릿으로 문제 해결책을 찾는다.

이탈리아어의 접어와 일치에 대한 체계적인 선행 연구는 거의 없다. 이 연구에서는 접어가 가지고 있는 중요한 속성 중의 하나가 일치 현상이라고 보고 이를 형태-통사부의 상호작용으로 설명하려고 한다.

다음으로 이 연구에서 다룰 이탈리아어와 관련된 현상들을 간략히 살펴보기로 하자. 본 연구의 연구대상은 접어로 흔히 이탈리아어 전통 문법에서 직접 목적 대명사의 약형(*mi, ti, lo, la, ci, vi, li, le*), 간접 목적 대명사의 약형(*mi, ti, gli, le, ci, vi, gli*), 다양한 형태의 *si*(비인칭, 재귀사, 중간태 등)와 장소 부사 *ci, vi* 그리고 부분 대명사 *ne* 등으로 불리는 것이다.[1] 대명사의 약형이라고 하는 것은 시제가 있는 문장에서 일반적으로 동사 앞에 나타난다. 반면에 강형은 어순상으로 동사 뒤, 즉 명사구나 전치사구의 자리에 나타난다.[2] 이들은 서로 상보적인 분포(complementary distribution)를 보인다.

이탈리아어 접어가 통사적으로 하나의 독립적인 개체라는 사실

---

1) 이 연구에서는 일반적으로 수동화 si로 불리는 것을 중간태 si라고 부르기로 한다. 이탈리아어 문법에서 수동화라는 용어는 능동태 구문이 의미적으로 수동의 의미를 갖는다는 데 초점을 맞춘 것이고 중간태라는 용어는 주어인 사람이나 동물이 동사에 나타난 동작에 의해 영향을 받는다는 데 초점을 맞춘 것이다.

2) 전통 문법에서 동사 앞에 오는 대명사 형태를 약형이라고 하고 동사의 뒤에 오는 대명사 형태를 강형이라고 부르고 있다. 이 연구에서는 약형을 접어라고 부르고 있다. 강형은 일반 명사와 같은 자리에 온다.
a. La amo. 약형
her I-love　　　'나는 그녀를 사랑한다.'
b. Amo **lei.** 강형
I-love her
c. Amo **Maria.** 명사구
I-love Maria　　　'나는 Maria를 사랑한다.'

은 직접 목적 접어가 명사구 대신에 사용되는 예에서 쉽게 알 수 있다.[3][*]

(1) a. Giorgio legge un libro in italiano.

　　 Giorgio reads a book in Italian

　　　→ Giorgio는 이탈리아어로 된 책을 읽는다.

　 b. Giorgio **lo** legge.

　　 Giorgio it(CL) + reads　　→ Giorgio는 그것을 읽는다.

　 c. *Giorgio **lo** legge un libro in italiano.

　　 Giorgio it(CL) + reads a book in Italian

(1a)에서 *un libro in italiano*가 직접 목적어로 동사 다음에 나타나는 반면에 (1b)에서 직접 목적 접어 *lo*가 정형 동사(finite verb)의 앞에 나타난다. (1c)에서 볼 수 있듯이 이들이 동시에 나타날 수는 없다. 이러한 사실은 이 접어가 목적어 명사구를 대신하고 있다는 것을 보여준다.

이탈리아어에서 동사만이 접어의 숙주어(host)가 될 수 있으며 다른 품사들은 숙주가 될 수 없다.

(2) a. Un libro incompensibile per lei.

　　 a book incomprehensible to her　　→ 그녀에게는 난해한 책.

　 b. *Un libro **le** incomprensibile.

---

3) 접어(clitic)를 CL로 적었다. 기호 '+'는 접어와 숙주어의 결합을 나타낸다.
* 이 연구에서 동사의 시제, 인칭, 수 등은 필요한 경우에만 표기하도록 한다.

a book her(CL) + incomprehensible   ➔ 그녀에게는 난해한 책.

(2a)는 정문이지만 (2b)는 형용사가 숙주어로 쓰였기 때문에 비문이다.

또한 접어들 사이에는 인정한 순서 제약이 있다. 이 접어들 사이의 순서는 통사적인 어순과는 다르다.[5]

(3) a. Giorgio dà un libro a me.

  Giorgio gives a book to me

  ➔ Giorgio는 나에게 책 한 권을 준다.

 b. Giogio me lo dà.

  Giorgio me(CL) + it(CL) + gives

  ➔ Giorgio는 그것을 나에게 준다.

 c. *Giorgio lo mi dà.

  Giorgio it(CL) + me(CL) + gives   ➔ Giorgio는 나에게 그것을 준다.

(3a)에서처럼 이탈리아어의 간접 목적어는 일반적으로 직접 목적어 뒤에 나타난다. 그렇지만 (3b)에서 알 수 있듯이 간접 목적 접어가 직접 목적 접어의 앞에 나타난다. 직접 목적 접어와 간접 목적 접어의 순서가 바뀌면 문장은 비문이 된다(3c).

재귀 접어는 이탈리아어의 전통 문법에서 동사와 결합되어 나타나는 굴절 형태로 간주되어 왔다. 이들 재귀 접어를 영어의 *myself,*

---

5) 한 접어가 -i로 끝나고 다음 접어가 l-이나 n-으로 시작할 때 앞 접어의 -는 -e가 된다.

*yourself*나 *himself*처럼 재귀 대명사로 따로 범주를 분류하지 않았다.[6][7]

(4) a. **Mi** lavo.

　　myself(CL)(*1, sg*) + wash(*1, sg*)　　　→ 나는 씻는다.

　b. *****Ti** lavo.

　　yourself(CL)(2, sg) + wash(*1, sg*)

(4b)는 재귀 접어 *mi* 대신에 *ti*가 나왔기 때문에 비문이다[8]. 동사의 굴절 어미와 접어가 인칭과 수의 일치를 보여야 한다.

접어가 가지고 있는 또 다른 특징 중에 하나는 강세를 받을 수 없다는 것이다.

---

6) 이 연구에서는 다음과 같은 기호를 사용하기로 한다. *1, 2, 3*은 각각 인칭을 나타낸다. *sg*는 singular(단수), *p*은 plural(복수), *m*은 masculine(남성), *f*는 feminine(여성)을 의미한다.

7) 재귀 접어와 동사의 일치관계를 보면 아래와 같다.
　a. **Mi** lavo.
　　myself(CL)(*1, sg*) + wash(*1, sg*)　　　'나는 씻는다.'
　b. **Ti** lavi.
　　yourself(CL)(*2, sg*) + wash(*2, sg*)　　'너는 씻는다.'
　c. **Si** lava.
　　himself/herself(CL)(*3, sg*) + wash(*3, sg*)　'그는 / 그녀는 씻는다.'
　d. **Ci** lav**iamo**.
　　ourselves(CL)(*1, pl*) + wash(*1, pl*)　　'우리는 씻는다.'
　e. **Vi** lav**ate**.
　　yourselves(CL)(*2, pl*) + wash(*2, pl*)　　'너희들은 씻는다.'
　f. **Si** lav**ano**.
　　themselves(CL)(*3, pl*) + wash(*3, pl*)　　'그들은 씻는다.'

8) (4b)의 재귀 접어 *ti*를 직접 목적 접어로 보면 정문이 된다.
　Ti lavo.
　you(CL) + wash(*1, sg*)　　　'너를 씻는다.'

(5) a. Giorgio **lo** legge.

    Giorgio it(CL) + reads   → Giorgio는 그것을 읽는다.

  b. *Giorgio **LO** legge.

    Giorgio it(CL) + reads   → Giorgio는 그것을 읽는다.

(5a)는 접어에 강세가 없이 발화된 경우이고, (5b)는 접어가 강세를 받아 발화되는 경우이다. 강세를 받는 경우는 비문이 된다. 일반적으로 단어는 강세를 가질 수 있지만 접어는 강세를 받을 수 없다.

다음은 일치 현상을 살펴보자. 이 연구에서 일치를 다루는 이유는 접어가 일치 현상과 밀접한 관련이 있기 때문이다. 이탈리아어에서 술어와 논항의 관계(주어-동사, 동사-목적어), 명사구 내 요소들의 관계(한정사-명사, 속성 형용사-명사) 관계에서 다양한 종류의 일치 현상이 일어난다. 일치 자질에는 성(gender), 수(number)와 인칭(person)이 있다.

(6) a. <u>Francesca è stanca.</u>

    Francesca(*3, sg, f*) is(*3, sg*) tired(*sg, f*) → Francesca는 피곤하다.

  b. <u>Mario è bravo.</u>

    Mario(*3, sg, m*) is(*3, sg*) good(*sg, m*) → Mario는 훌륭하다.

(6a)에서 *Francesca*와 *stanca*는 성과 수가 일치되고 *Francesca*와 è는 수와 인칭이 일치되고 있다. (6b)에서도 마찬가지 현상을 볼 수 있다.

이러한 일반적인 일치 현상 이외에도 이탈리아어에는 접어와 과거 분사(past participle)의 일치, 비인칭 *si*가 나타날 때 술부의 과거 분사와 형용사는 항상 복수 형태로 나타나는 것과 같은 흥미로운 현상도 발견된다. 또한 접어 상승(clitic climbing)이 있을 때 보조 동사(auxiliary) *avere*는 보조 동사 *essere*로 변한다. 이 보조 동사의 선택에 관해서는 3장에서 자세히 언급하도록 하겠다. 우선 직접 목적 접어와 과거 분사의 일치 현상에 대해서 알아보자.9)

(7) a. **L'**ho incontrat**o** ieri. (l' = lo)

    him(CL)(*3, sg, m*) + have(*1, sg*) met(*3, sg, m*) yesterday

    ➝ 그를 어제 만났다.

  b. **Li** ho incontrat**i** ieri.

    them(CL)(*3, pl, m*) + have(*1, sg*) met(*3, pl, m*) yesterday

    ➝ 그들을 어제 만났다.

(8) a. Maria, non **ti** avevo visto/**a** ieri.

    Maria, not you(CL)(*2, sg, f*) + have(*1, sg*) seen(*sg, m*)/seen(*sg, f*)

    yesterday ➝ Maria야, 어제 너를 보지 못했어.

  b. Perché non **mi** hai incontrato?

    why not me(CL)(*1, sg, m*) + have(*2, sg*) met(*sg, m*)

    ➝ 나를 왜 만나지 않았어?

(7a, b)는 접어가 3인칭일 때 과거 분사와 일치되는 것을 보여준다. 그러나 (8)에서 볼 수 있듯이 접어가 1인칭이나 2인칭일 때는

---

9) 이탈리아어에서 *avere*나 *essere* 다음에 오는 모든 동사는 과거 분사이다. 영어와는 달리 양태 동사(*dovere* '해야만 하다', *potere* '할 수 있다', *volere* '원하다' 등)도 과거 분사 형태로 나타난다. 일반적으로 활용 동사의 어미가 −*are*인 경우에는 −*ato*로, −*ere*인 경우는 −*uto*로 그리고 −*ire*인 경우에는 −*ito*로 나타난다.

직접 목적 접어가 남성일 경우에는 과거 분사와의 일치가 필수적이지만 여성일 경우에는 일치가 수의적(optional)이다. (8a)는 접어가 나타내는 사람이 여자일 때 과거 분사가 남성 단수 형태를 취하거나 여성 단수 형태를 취한다는 것을 보여준다.[10] (8b)는 접어가 나타내는 사람이 남성일 때는 과거 분사가 남성 형태로만 나타남을 보여준다. 접어와 과거 분사의 일치관계에서 접어가 1, 2인칭일 때와 3인칭일 때 서로 다른 양상을 보이고 있다.

아래는 비인칭 접어 *si*가 과거 분사나 형용사의 일치를 나타내주는 예이다.

(9) a. <u>Si</u> è spesso <u>dimenticati</u>.

one(CL) + is often forgotten(*pl, m*)　　➤ 사람들은 가끔 잊힌다.

b. *<u>Si</u> è spesso <u>dimencato</u>.

one(CL) + is often forgotten(*sg, m*)

(10) a. <u>Si</u> vive <u>contenti</u>.

one(CL) + lives happy(*pl, m*)　　➤ 사람들은 행복하게 산다.

b. *<u>Si</u> vive <u>contento</u>.

one(CL) + lives happy(*sg, m*)

위의 예문 (9)과 (10)에서 알 수 있는 사실은 *si*와 과거 분사 그리고 *si*와 형용사가 일치를 보이고 있다는 사실이다. 동사가 비록 3인

---

10) 이탈리아어의 명사나 형용사에서 남성 단수는 어미가 −*o*이고 여성 단수는 어미가 −*a*이다. 남성 복수는 어미가 −*i*이고 여성 복수는 −*e*이다. 그러나 avere와 결합하는 과거 분사일 경우에는 −*o*가 (8a)에서 특정한 성을 가리키는 것이 아니라 중성(neutral gender)을 나타낸다고 하는 것이 더 합리적이라고 생각한다.

칭 단수 형태를 띠고 있지만 (9a), (10a) 술어인 형용사는 복수 형태일 때만 정문이다.

아래의 예문들은 재귀 접어가 부정형 동사(nonfinite verb) 다음에 위치해 있다가 상승했을 때 과거 분사는 주어의 성과 수에 일치된다는 것을 보여준다.

(11) a. **Maria** ha dovuto alzarsi presto.

Maria has must(*sg*, *m*) wake up + herself(CL) early

→ Maria는 자신이 일찍 일어나야만 했다.

b. **Maria** **si** è dovuta alzare presto.

Maria herself(CL) + is must(*sg*, *f*) wake up early

→ Maria는 자신이 일찍 일어나야만 했다.

재귀 접어 *si*가 부정형 동사와 결합했을 때 (11a)에서 보조 동사는 *avere*이며, 재구성 동사(restructuring verb)[11] *dovuto*는 남성 단수 형태이지만, 접어 *si*가 정형 동사 앞에 나타나면 보조 동사는 *essere*가 되며, 재구성 동사는 여성 단수 형태 *dovuta*로 주어와 일치된다.

지금까지 직접 목적 접어와 과거 분사의 일치, 비인칭 접어 si와 과거 분사 또는 형용사의 일치, 그리고 재귀 접어가 상승했을 때

---

11) Rizzi(1982)는 특정 부류의 조동사들이 구조를 재분석하게 만드는 재구성 규칙을 유도한다고 주장하였다. 그는 재구성 동사를 다음과 같이 세 부류로 나누고 있다.
   1. 양태 동사(modal verb)
      (예. *potere* '할 수 있다', *dovere* '해야만 하다', *volere* '원하다' 등)
   2. 시간상 동사(temporal aspectual verb)
      (예. *cominciare* '시작하다', *finire* '마치다', *continuare* '지속하다' 등)
   3. 순수 동작 동사(pure motion verb)
      (예. *venire* '오다', *andare* '가다', *tornare* '돌아가다' 등)

주어와 과거 분사의 일치 현상을 보았다. 직접 목적 접어가 일인칭이나 이인칭이며 여성일 때는 과거 분사 또는 형용사와의 일치가 수의적이며, 삼인칭일 때는 일치가 필수적이다. 재귀 접어는 부정형 동사와 결합을 했을 때 보조 동사 *avere*를 취하며 이 재귀 접어가 상승했을 때는 보조 동사 *essere*를 취하며 주어와 과거 분사는 일치를 보이게 된다. 이 예들을 통해서 알 수 있는 것은 접어가 일치 현상에 깊은 관계가 있다는 사실이다.

이 연구는 전체 다섯 장으로 구성되어 있는데, 제2장에서는 먼저 접어의 일반적인 속성과 판단 기준을 알아보고 이를 바탕으로 이탈리아어 접어의 기본적인 특성을 음운론적 기준, 형태적 기준과 통사적 기준에 의해서 점검한다. 이를 바탕으로 이탈리아어 접어를 세 가지 부류로 나눈다.

제3장에서는 HPSG의 이론적 배경과 기본적인 개념을 소개하고 접어를 분석하기 위한 전체적인 틀을 제시한다. 이 틀을 기반으로 해서 이탈리아어 접어를 종류별로 분석한다.

제4장에서는 접어와 관련된 일치 현상을 다룬다. 일치 현상을 설명하는데 순전히 형태론적으로만 또는 통사적으로만 설명하기는 어렵기 때문에 형태-통사의 상호작용을 바탕으로 해서 분석할 것이다.

이탈리아어 접어의 속성

이 장에서는 이탈리아어 접어의 일반적인 특징을 살펴보기로 하겠다. 먼저 이탈리아어 접어를 개관한다. 그리고 언어 보편적인 측면에서 접어의 일반적 개념과 판별 기준을 소개한 후 음운론적 기준, 형태론적 기준 그리고 통사적 기준에 의해서 이탈리아어 접어가 어떤 속성을 나타내고 있는지 점검해 보겠다. 다음으로 각각의 접어가 갖는 특징들을 부류별로 세분화시켜서 3장에서 이론적으로 분석할 수 있는 기본을 제공하겠다.

2.1 접어의 종류

여기에서는 이탈리아어에 접어의 종류가 몇 개인지 그리고 어떻게 나눌 수 있는지에 초점을 맞춰서 살펴보기로 하겠다.

(12) 접어의 종류

    a. 비인칭 주어 *si*

    b. 직접 목적 접어 *mi, ti, lo, la, ci, vi, li, le*

    c. 간접 목적 접어 *mi, ti, gli, le, ci, vi, gli*

    d. 부분 대명사 *ne*

    e. 장소 부사 *ci / vi*

    f. 재귀사 *mi, ti, si, ci, vi, si*

    g. 내재 재귀사 *mi, ti, si, ci, vi, si*

    h. 능격 *si*

    i. 중간태 *si*

    j. *loro*

일반적으로 이탈리아어 접어는 위의 9가지 종류로 총 33개가 있는 것으로 간주되고 있다. 이 9개의 종류가 어떤 특징들을 가지고 있는지 보자.

2.1.1 비인칭 주어 *si*

비인칭 접어 *si*는 3인칭 단수 동사를 요구한다. 동사는 자동사, 타동사 모두 가능하다. 비인칭 주어라고 하는 이유는 접어 *si*가 특정의 인칭이 없으며 주어의 역할을 하기 때문이다.

(13) a. **Si va.**

   one(CL) + go(*3, sg*)　　　　→ 사람들은 간다.

　 b. **Si** pensa **già** di **farne** una nuova edizione.

   one(CL) + think(*3, sg*) already of make + of them(CL) a new

   edition

   　→ 사람들은 이미 그것들 중에서 한 판을 만들 생각을 하고 있다.

(14) **Si** ama la vita.

   one(CL) + love(*3, sg*) the life　　→ 사람들은 자신의 삶을 사랑한다.

(13)에서 동사 *va*와 *pensa*는 자동사이다.[12] (14)에서 동사 *ama*는 타동사이다. 이처럼 비인칭 접어 *si*는 3인칭 자동사나 타동사와 결합할 수 있다.

비인칭 접어 구문에서 형용사가 술어일 때는 항상 복수형이다[13].

(15) a. **Si** è allegri.

   one(CL) + be(*3, sg*) joyful(*pl, m*)　　→ 사람들은 즐겁다.

　 b. *****Si** è allegro.

   one(CL) + be(*3, sg*) joyful(*sg, m*)

---

12) 접어 *si*는 영어의 *one*이나 프랑스어의 *on*에 해당한다. 즉 (13a)는 영어로는 *one goes*로 표현되고 프랑스어로는 *on va*로 표현된다. 그러나 *si*는 *one*이나 *on*과는 달리 재귀사 또는 중간태로 사용되고 있다. 게다가 *one*과는 다르게 *si*는 주어로만 사용되고 있다.

13) 서술 형용사처럼 분사가 복수형을 취하는 경우가 있다. 현재 시제에서 수동태 구문에서 수동 분사 그리고 근과거 시제에서 보조 동사 *essere*와 결합하는 과거 분사가 이와 같은 현상을 보인다.
　a. Si è capiti. (수동태 현재 비인칭 구문)
　　one(CL) + is understood　‘사람들은 이해된다.’
　b. Si è partiti. (능동태 근과거 비인칭 구문)
　　one(CL) + is left　　　　　‘사람들은 떠났다.’

(16) a. **Si** diventa noiosi.

one(CL) + become(*3, sg*) tired of(*pl, m*)

→ 사람들은 지겨워진다.

b. *****Si** diventa noioso.

one(CL) + become(*3, sg*) tired of(*sg, m*)

(15b)와 (16a)는 서술 형용사가 단수여서 비문이 된 것이다. 이와 같은 서술 형용사는 연계사 *essere* ' − 이다', *diventare* ' − 되다', *rimanere* ' − 남다', *stare* ' − 있다' 등과 결합된다.

비인칭 접어 *si*는 자의적 지시(arbitrary reference)를 가지는 주어로서 기능을 한다.

(17) a. **La** gente cerca sempre di guadagnare di più.

people try(*3, sg*) always to earn more

→ 사람들은 항상 더 받으려고 노력한다.

b. **Si** cerca sempre di guadagnare di più.

one(CL) + try(3, sg) always to earn more

(18) a. *****La** gente **si** cerca sempre di guadagnare di più.

people si(CL) + try(3, sg) always to earn more

b. *****Si** la gente cerca sempre di guadagnare di più.

si(CL) + people try(*3, sg*) always to earn more

(17b)는 (17a)의 일반 명사 *la gente* 대신에 비인칭 접어 *si*를 사용한 예이다. 그러나 *la gente*와 비인칭 접어 *si*가 같이 사용되는 경우는 비문이다(18a, b).

아래의 문장 (19a)와 (19b)는 일반적인 사람들을 나타내는 *uno*를 비인칭 접어 *si*로 바꾸어 쓴 예문이다.

(19) a. D'estate uno **si** alza presto la mattina.

       in summer one himself / herself(CL) + get up(*3, sg*) early the morning   → 여름에 사람들은 일찍 일어난다.

    b. D'estate **ci si** alza presto la mattina.

       in summer *si*(CL) + himself / herself(CL) + get up(*3, sg*) early the morning

이탈리아어에서는 동일한 접어가 나란히 나타날 수가 없다. 그래서 (19b)의 예문에서도 비인칭 접어 *si* 다음에 *si* 형태의 접어가 나타났기 때문에 앞에 있는 접어 *si*가 *ci*로 변해 *ci si*로 나타났다.

지금까지 위에서 살펴본 내용을 보면 비인칭 접어는 술어가 동사일 때는 3인칭 자동사, 타동사 단수 형태를, 술어가 형용사일 때는 남성 복수 형태를 요구한다. 일반 명사의 주어와 비인칭 접어가 같이 나타날 수 없으며, 재귀 접어 *si*가 비인칭 접어 *si*와 사용될 때는 *ci si* 형태로 나타난다.

2.1.2 직접 목적 접어 *mi, ti, lo, la, ci, vi, li, le*

직접 목적 접어는 직접 목적어로서 기능을 하며 동사의 논항으로서 사용된다. 즉 직접 목적어의 기능을 하는 완전한 명사구 대신에 직접 목적 접어가 사용된다.

   (20) a. Amo Maria.

       love(*1, sg*) Maria ➜ 나는 Maria를 사랑한다.

      b. **La amo.**

       her(CL)(*3, sg, f*) + love(*1, sg*)   ➜ 나는 그녀를 사랑한다.

(20a)는 동사가 논항으로 Maria를 취하고 있고, (20b)는 직접 목적 접어를 논항으로 취하고 있다. 직접 목적 접어와 명사구가 같이 나타날 때는 (21)처럼 비문이 된다.

   (21) * **La** amo Maria.

       her(CL)(*3, sg, f*) + love(*1, sg*) Maria

(21)이 비문인 이유는 *amare* 동사가 대격을 하나만 부여할 수 있는데 둘이 있기 때문이다.

직접 목적 접어가 3인칭일 때 과거 분사와의 일치가 필수적으로 일어난다.

(22) a. Maria l'ha mangiato. (l' = lo)

Maria it(CL)(*3, sg, m*) + has eaten(*3, sg, m*)

→ Maria는 그것을 먹었다.

b. Maria **li** ha mangiati.

Maria it(CL)(*3, pl, m*) + has eaten(*3, pl, m*)

→ Maria는 그것들을 먹었다.

(22a)의 *lo*와 *mangiato*, (22b)의 *li*와 *mangiati*가 그 예이다. (22a)는 각각 남성 단수로 일치관계를 보이고 있고, (22b)는 남성 복수로 일치관계를 보이고 있다.

(23) Carlo **ti** ho dato/a una chiave da macchina.

Carlo ti(*2, sg, f*) + have(*1, sg*) given(*sg, m*) / (*sg, f*) a key of

automobile.　　　→ Carlo는 너에게 자동차 열쇠를 주었다.

직접 목적 접어가 2인칭 여성일 때 과거 분사의 일치가 수의적으로 일어남을 보여준다.

정리하면 직접 목적 접어는 동사의 내재 논항으로 기능을 하고, 과거 분사와 일치관계를 보이고 있다.

2.1.3 간접 목적 접어 *mi, ti, gli, le, ci, vi, gli*

간접 목적 접어는 간접 목적어의 기능을 하며 전치사구 대신에 사용된다.

(24) a. Carlo scrive a me una lettera.

　　　 Carlo write(*3, sg*) to me a letter

　　　 ➤ Carlo는 나에게 편지를 쓴다.

　　 b. Carlo **mi** scrive una lettera.

　　　 Carlo to me(CL) + write(*3, sg*) a letter

　　　 ➤ Carlo는 나에게 편지를 쓴다.

(24a)는 *a me*가 강형인 전치사구로 사용되는 경우이고 (24b)는 *mi* 가 간접 목적 접어로 사용되는 경우이다. (24a)는 초점화된 발화이 고 (24b)는 일반 발화이다.

간접 목적 접어는 직접 목적 접어와 달리 과거 분사와 일치 현 상이 일어나지 않는다. 일치가 되면 (25b)처럼 비문이 된다.

(25) a. **Le** ho chiesto la macchina da scrivere.

　　　 to her(CL)(*3, pl, f*) + have(*1, sg*) asked(*sg, m*) the machine to write　　➤ 나는 그녀들에게 타자기를 부탁했다.

　　 b. ***Le** ho chieste la macchina da scrivere.

　　　 to her(CL)(*3, pl, f*) + have(*1, sg*) asked(*pl, f*) the machine to write

2.1.4 부분 대명사 *ne*

부분 접어는 어떤 것 중에서 일부를 나타내는 것으로 또는 관용 어구의 일부로 이탈리아어에서 많이 사용되고 있는 접어 중에 하나이다.[14]

(26) a. Bevi tutto quel vino?

   drink(*2, sg*) all that wine?

   ➞ 저기 있는 포도주를 다 마실 거니?

   b. No, **ne** bevo solo un bicchiere.

   no, of them(CL)＋drink(*1, sg*) only a cup

   ➞ 아니, 그것들 중에서 한 잔 마실 거야.

(26a)로 질문을 했을 때 (26b)로 대답한 예이다. 여기에서 *ne*는 *quel vino*를 가리킨다.[15]

부분 대명사 *ne*는 과거 분사와 일치 현상을 보인다.

(27) a. Sigarette, **ne** ho comprato / e.

   cigarettes, of them(CL)＋have(*1, sg*) bought(*sg, m*) / (*pl, f*)

   ➞ 담배들, 그것들 중에서 일부를 샀다.

---

14) *ne*는 전치사구 (di＋명사 또는 da＋명사) 대신에 사용되고 있다. 특히 행위자, 주제, 강조, 장소, 장소로부터의 이동, 부사어 등 다양한 기능을 하는 접어이다. 이 연구에서는 부분 접어 대명사에 초점을 맞추고 있다.

15) 끝이 '－*i*'로 끝나는 접어 다음에 오는 접어의 음절초(initial)가 '*n*'이나 '*l*'로 시작하면 '－*i*'가 '－*e*'로 바뀐다(si ne → se ne, ci ne → ce ne, mi lo → me lo 등).

b. Pane, **ne** ho preso.

bread, of them(CL) + have(*1, sg*) taken(*sg, m*)

→ 빵, 그것들 중에서 일부를 먹었다.

부분 대명사 접어 *ne*는 (27a)에서처럼 일치가 수의적으로 일어난다. 지시하는 '그것들 중에서'가 셀 수 있는 명사일 때만 일치 현상을 보인다. 그러나 지시하는 '그것들 중에서'가 셀 수 없는 명사일 때 항상 과거 분사는 끝이 −*o*로 끝난다(27b).

부분 대명사 ne는 명사구를 대신해서 '그것들 중에서' 또는 '그들 중에서'의 의미로 사용된다.

(28) a. Gianni ha visto <u>tre ragazze</u>.

Gianni has(*3, sg*) seen(*sg, m*) three girls

→ Gianni는 세 소녀를 보았다.

b. Gianni **ne** ha visto <u>due</u>.

Gianni of them(CL) + seen(*sg, m*) two

→ Gianni는 그들 중에서 둘을 보았다.

(29) a. Gianni ha parlato <u>con tre ragazze</u>.

Gianni has(*3, sg*) speak with three girls

→ Gianni는 세 소녀와 이야기를 했다.

b. *Gianni **ne** ha parlato <u>con tre</u>.

Gianni of them(CL) + speak with three

(28a)의 *ragazze*가 *ne* 접어화되어 (28b)로 되었을 경우 정문이지만,

(29a)에서 *ragazze*가 접어화되어 (29b)로 되었을 경우 비문이다. 이는 전치사구의 일부분은 접어화되지 않는다는 사실을 설명해 주고 있다.

2.1.5 장소 부사 *ci / vi*

장소를 나타내는 전치사구를 접어 *ci* 또는 *vi*로 받아서 사용한다.[16]

(30) a. Vai in Italia l'anno prossimo?

    go(*2, sg*) in Italy the year next   → 내년에 이탈리아 가니?

  b. Sì, **ci** vado.

    yes, there(CL) + go(*1, sg*)   → 응, 거기에 가.

(30a)의 *in Italia*를 (30b)에서 *ci*로 받았다.

*ne*는 전치사구 내에 있던 명사구가 접어화되지 않았지만(19b), *ci*는 전치사구 내에 있던 명사구가 접어화될 수 있다.

(31) a. Carlo teneva le gambe <u>sopra il tavolo</u>.

    Carlo was holding the legs on the table

    → Carlo는 탁자에 발을 올려놓고 있었다.

  b. Carlo **ci** teneva le gambe <u>sopra</u>.

---

16) ci/vi는 이탈리아어에서 동일한 소리를 갖는 접어가 연이어서 사용되지 않기 때문에(*ci ci → vi ci, *vi vi → vi ci), 같은 소리일 때 교체해서 사용한다.

Carlo there(CL) + was holding the legs on

➡ Carlo는 거기에 발을 올려놓고 있었다.

(32) a. Mario **si** lanciò <u>contro la porta</u>.

Mario himself(CL) + had thrown against the door

➡ Mario는 자신을 문을 향해서 내던졌다.

b. Mario ci **si** lanciò <u>contro</u>.

Mario there(CL) + himself(CL) + had thrown against

➡ Mario는 자신을 거기를 향해서 내던졌다.

(31b)와 (32b)에서는 전치사구에서 명사구가 *ci*로 대체된 경우인데 모두 정문이 된다.

2.1.6 재귀사 *mi, ti, si, ci, vi, si*

재귀 접어를 포함하고 있는 문장은 재귀 요소의 의미를 가진다. 이러한 문장은 의미 면에서 살펴보았을 때 행동하는 사람과 행동의 혜택을 받는 사람이 동일인임을 나타낸다.

(33) a. Io **mi** lavo.

I myself(CL) + wash(*1, sg*) ➡ 나는 씻는다.

b. Io lavo me stesso.

I wash myself ➡ 나는 씻는다.

(33a)는 접어 구문이고 (33b)는 재귀 강형 구문이다. 재귀 접어 *mi, ti, si, ci, vi, si*는 동사와 수, 인칭이 일치된다.

그러나 동사의 오른편에 명사구가 나올 경우에는 재귀 접어는 간접 목적어와 같은 기능을 한다.

(34) a. Io **mi** lavo le mani.

　　　I myself(CL) + wash(*1, sg*) the hands　➤ 나는 손을 씻는다.

　　b. Io lavo le mani a me.

　　　I wash(*1, sg*) the hands to me　➤ 나는 나의 손을 씻는다.

(34a)의 *mi*는 간접 목적 접어이고 *lavare*의 행위가 직접 미치지 못하고 직접 보어 *le mani*에 반영된다.

Lepschy & Lepschy(1988:221)는 간접 목적 접어를 재귀 여격(reflexive dative)(35a)과 (35b)를 심성 여격(ethic dative)으로 구분하고 있다.

(35) a. **Si** tocca la cravatta.

　　　himself(CL) + touch(*3, sg*) the tie

　　　➤ 그는 그의 타이를 만진다.

　　b. **Si** fa il caffè.

　　　himself(CL) + make(*3, sg*) the coffee

　　　➤ 그는 자신이 커피를 준비한다.

(35a)의 재귀 여격은 마치 소유격처럼 의미적인 해석이 되지만 (35b)의 심성 여격은 행위의 영향을 받는다.[17]

(36) a. **Ci si** compra molte cose inutili.

one(CL) + himself(CL) + buy many things worthless

→ 사람들은 많은 불필요한 것들을 산다.

b. *__Ci si__ comprano molte cose inutili.

si(CL) + himself(CL) + buy many things worthless

→ 사람들은 많은 불필요한 것들이 사진다.

재귀 접어는 비인칭 접어 si와 결합할 수 있지만 중간태 *si*와는 결합할 수 없다.

2.1.7 내재 재귀사 *mi, ti, si, ci, vi, si*

내재 재귀 접어는 재귀 접어와 같은 변화 유형을 보이고 있지만, 재귀 접어와 결합하는 동사는 타동사인 데 비해 내재 재귀 접어와 결합하는 동사는 자동사의 성질을 가지고 있다.

(37) Io **mi** vergogno di ciò che ho fatto.

I mi(CL) + shame of the thing which have(*1, sg*) made

→ 나는 내가 한 짓을 부끄러워한다.

---

17) Borer & Grodzinsky(1986:179 - 180)는 Lepschy & Lepschy(1988)가 구분한 두 가지 여격 이외에 소유 여격(possessive dative)을 구분하고 있다. 그들에 의하면 소유 여격은 여격 대명사가 문장에 있는 명사구와 일종의 소유관계를 가지며, 재귀 여격은 여격 대명사가 절의 주어와 동지시를 이루며, 행동이 주어에만 영향을 준다. 심성 여격은 여격 대명사가 재귀 여격과는 달리 문장에 있는 어떤 논항과 동지시 관계에 있지 않으며, 문장에 의해서 지시되는 행위에 영향을 받는다.

위의 문장에서 접어는 직접 목적어 또는 간접 목적어의 역할을 하지 못한다. (38)을 보자.

(38) a. * Io vergogno me stesso di ciò che ho fatto.

     I shame myself the thing which have(*1, sg*) made

   b. * Io vergogno a me stesso di ciò che ho fatto.

     I shame to myself the thing which have(*1, sg*) made

이 내재 재귀 접어는 전통 문법에서 대명 동사라고 부르는 동사에 포함되어 있는 접어로 변화 유형은 재귀 접어와 같다.

2.1.8 능격 *si*

능격성이란 자동사의 논항이나 타동사의 주제 / 피행위자(theme / patient) 의미역을 가진 논항과 같거나 비슷한 성격을 가지는 것을 말한다. 아래와 같은 문장에서 접어 *si*는 능격성을 갖게 하는 역할을 한다.

(39) Lo specchio **si** rompe.

   the mirror **si**(CL) + breaks   ➡ 거울이 깨진다.

이 구문에서 접어는 타동사를 자동사로 만들어 주는 표지처럼 행동한다. 이 능격 접어는 타동사를 능격 동사로 만들어 주는 역할을 한다. 위의 문장은 아래와 같은 대응 타동사 문장을 가지고 있다.

(40) Giovanni rompe lo specchio.

Giovanni breaks the mirror　→ Giovanni가 거울을 깬다.

이탈리아어에 능격 동사는 두 가지 부류로 분류된다. 하나는 (39) 처럼 접어와 결합된 동사의 유형이고, 다른 하나는 접어와 결합되지 않은 동사의 유형이다. 접어화가 일어나지 않는 능격 동사 *affondare* '침몰하다'의 예를 보자.

(41) a. L'artigliera affondò due navi nemiche.

　　　 the artillery sank(*3, sg*) two enemy ships

　　　→ 그 포가 적군의 배 두 척을 침몰시켰다.

　 b. Due navi nemiche affondarono.

　　　 two enemy ships sank(*3, pl*)

　　　→ 적군의 배 두 척이 침몰했다.

(41b)는 능격 접어가 없는 능격 구문이다. 능격 접어가 없이도 능격 구문이 될 수 있다는 것은 능격 접어 *si*가 동사의 타동성을 없애고 능격성을 갖게 하는 표지로 이해할 수 있다.

2.1.9 중간태 *si*

중간태 접어 *si*는 전통 문법에서 수동화 *si(si* passivante)라고 불리

는 것으로 행위자가 나타나지 않으며 타동사의 3인칭 단수나 복수
와 함께 문장에 나타난다.

(42) **Si** vede.

(42)의 문장은 (43a, b)로 해석 가능하다. 타동사만이 중간태 *si*로
사용되는데 주의해야 할 것은 타동사이고 3인칭 단수일 때 비인칭
해석과 중간태 해석이 모두 된다는 것이다.

(43) a. Uno vede.

    one see   → 어떤 사람이 본다.

   b. È visto.

    be(*3, sg*) seen(sg, *m*)   → 보인다.

(43a)는 비인칭으로 해석하는 것이며 (43b)는 중간태로 해석하는
것이다.

(44) ?**Si** mangia le mele.

    si(CL) + eat(*3, sg*) the apples(*pl, f*)   → 사과들이 먹힌다.

(45) a. **Si** mangiano le mele.

    si(CL) + eat(*3, pl*) the apples(*pl, f*)   → 사과들이 먹힌다.

   b. Le mele **si** mangiano.

    the apples(*pl, f*) si(CL) + eat(*3, pl*)

이탈리아어를 모국어로 말하는 사람들 중에서 일부만이 (44)를 정문이라고 여기는 반면에 (45a, b)는 모두가 정문이라고 한다. (45a)의 목적어 위치에 있는 *le mele*와 동사가 일치된다. (45b)는 *le mele*가 문두로 도치된 것이다.

수동태는 *da* + 명사로 행위자가 명시될 수 있지만 중간태는 *da* + 명사로 행위자가 명시될 수 없다.

(46) a. * Da noi **si** vorrebbe un rinnovamento dell'apparato

by us si(CL) + want(*3, sg*) a renewal of the administrative

amministrativo.

apparatus

b. Da parte nostra **si** vorrebbe un rinnovamento dell'apparato

by the part of us si(CL) + want(*3, sg*) a renewal of the

amministrativo.

administrative apparatus

➚ 우리에게 행정기구의 개편이 필요하다.

중간태 *si* 문장에서는 *da*에 의해서 유입되는 행위자 보어와 결합할 수 없다(46a). 그러나 행동의 출처를 나타내는 '*da parte di − 편에 의해서*'와는 결합할 수 있다.

비인칭 *si*의 문장에서 형용사와 과거 분사의 어미가 복수인 데 반해 (47), 중간태 *si*는 그렇지 않다(48b).

(47) a. **Si** vive contenti in questa città.

one(CL) + live(*3, sg*) happy(*pl, m*) in this city

b. **Si è andati al cinema ieri sera.**

one(CL) + is(*3, sg*) gone(*pl, m*) to the theater yesterday evening

(48) a. Questa pasta **si** è mangiata con piacere.

this pasta si(CL) + is eaten(*sg, f*) with pleasure

b. *Questa pasta **si** è mangiate con piacere.

this pasta si(CL) + is eaten(*pl, f*) with pleasure

지금까지 언급한 내용을 정리하면 중간태 *si*와 결합하는 동사는 타동사이고 3인칭 단수일 때 비인칭 해석도 가능하고 중간태로도 해석이 가능하다. 중간태 접어 *si*는 일반적인 수동태와는 달리 행위자 보어가 사용될 수 없으며, 술어의 형용사나 과거 분사가 단수 형태로 나타난다.

2.1.10 *loro*

'그들에게'를 뜻하는 *loro*는 전통 문법에서 접어가 아닌 강형으로 취급되어 왔다. 아래에 나타나는 현상을 보면 이점이 좀 더 명확해진다.

(49) a. Carlo **gli** scrive una lettera.

Carlo to them / to him(CL) + write(*3, sg*) a letter

➺ Carlo는 그에게 / 그들에게 편지를 쓴다.

b. Carlo scrive a **loro** una lettera.

Carlo write(*3, sg*) to them a letter

➺ Carlo는 그들에게 편지를 쓴다.

c. Carlo scrive **loro** una lettera.

Carlo write(*3, sg*) + them(CL) a letter

➺ Carlo는 그들에게 편지를 쓴다.

(49a)는 '그들에게'를 *gli*로 접어화한 경우이고, (49b)는 강형 *a loro*로 (49c)는 전치사 *a*를 빼고 *loro*만 사용한 경우이다. (49c)와 같은 구문이 현재 이탈리아어에서 널리 사용되고 있다. 그래서 이 *loro*를 접어로 보기보다는 전치사 *a*가 생략된 것으로 받아들여져 왔다. 다른 예문을 보자.

(50) a. **Glielo** riporto stasera.

to－them(CL) + it(CL) + retake(*1, sg*) tonight

➺ 그들에게 그것을 오늘 저녁에 다시 가져다줄 거야.

b. **Lo** riporto **loro** stasera.

it(CL) + retake(*1, sg*) + them(CL) tonight

➺ 그들에게 그것을 오늘 저녁에 다시 가져다줄 거야.

위의 (50a)는 *glielo*가 접어화되어 사용된 예이고, (50b)는 *lo*만 접어화된 경우이다. 그렇다면 *a loro*는 전치사구로 보고 *loro*는 왜 접어라고 하는지 이유에 대해서 보기로 하자(Calabrese 1988, Monachesi 1995).

(51) a. Carlo scrive una lettera a **loro**.

Carlo write(*3, sg*) a letter to them

→ Carlo는 그들에게 편지를 쓴다.

b. *Carlo scrive una lettera **loro**.

Carlo write(*3, sg*) a letter + them(CL)

이탈리아어에 나타나는 일반 접어들처럼 전치사가 없이 *loro*만 사용된 경우에 동사와 떨어지면 비문이 된다. 이런 이유로 이 연구에서는 *loro*도 접어로 보고 다루기로 하겠다. *loro*는 일반적으로 전접어로 나타나고 있지만 다음과 같이 후접어로 나타나는 것도 있다.

(52) La libertà di fantasia che **loro** appartiene.

the freedom of fantasy that to them(CL) + belong(*3, sg*)

→ 그들에게 속하는 환상의 자유.

Monachesi(1995:151)는 고대 이탈리아어에서 *loro*는 다른 접어들처럼 후접어로 나타났다고 한다.

2.2 접어의 일반적 개념과 판별 기준

Zwicky & Pullum(1983)과 Zwicky(1985)에 의하면 접어는 넓은 의미로 굴절 어미의 특성과 독립적인 단어의 특성을 동시에 가지고 있는 문법 단위를 포괄적으로 지칭하는 용어이다.[18]

> (53) Clitics: Grammatical units with some properties of inflectional morphology and independent words(Zwicky & Pullum 1983, Zwicky 1985).

다음은 접어가 어미 또는 독립적인 단어와 어떤 차이를 보이고 있는지 살펴보자. Zwicky & Pullum(1983)은 접어와 어미를 구분하기 위해서 다음의 여섯 가지 기준을 제시하고 있다.

(54)

a. Clitics can exhibit a low degree of selection with respect to their hosts, while affixes exhibit a high degree of selection with respect to their stems.

b. Arbitrary gaps in the set of combinations are more chara-

---

18) Nevis(1986)는 포괄적인 의미의 접어를 다음과 같이 세 종류로 세분화하고 있다. (Inflections) – Phrasal affixes – Bound words – Quasi clitics / Leaners – (Words)
구접사(phrasal affix)는 굴절 어미와 비슷한 성격을 가지고 있지만 음운론적으로 단어의 가장자리가 아니라 구의 가장자리에 나타난다. 결속어(bound word)는 전형적인 접어로 통사적으로는 독립 단어로 취급되며 다른 형태(formatives)와 결합한다. 유사접어(quasi clitic) 또는 의존어(leaner)는 운율적으로 다른 단어에 기대어 발화되는 속성을 가진다.

cteristic of affixed words than of clitic groups.

c. Morphological idiosyncrasies are more characteristic of affixed words than of clitic groups.

d. Semantic idiosyncrasies are more characteristic of affixed words than of clitic groups.

e. Syntactic rules can affect affixed words, but cannot affect clitic groups.

f. Clitics can attach to material already containing clitics, but affixes cannot.

접어는 숙주어 선택에 제약이 적으며, 숙주어와 조합할 때 자의적인 공백(arbitrary gap)이 많지 않으며, 형태론적·의미론적인 특이성이 적으며, 또 다른 접어와 결합할 수 있다. 반면에 어미는 어간 선택에 제약이 많으며, 단어와 결합할 때 접어보다는 자의적인 공백이 많고 형태론적·의미론적인 특이성이 많으며, 접어 다음에 붙을 수는 없다. 그리고 접어 연속체는 통사규칙에 영향을 받지 않지만 어미가 붙은 단어는 영향을 받는다.

다음은 Zwicky(1985)가 접어와 독립 단어를 구분하는 기준으로 제시한 것이다. 아래의 기준은 원문에서 일부분을 줄인 것이다.

(55)

a. If an element is bound, and especially if it cannot occur in complete isolation, it should be a clitic; if free, and especially if it occurs in complete isolation, it should be an independent word.

b. Typically, certain inflectional affixes 'close off' words to further affixation. Correspondingly, an element that closes off combinations to affixation, or indeed to cliticization, should be a clitic.

c. Inflectional affixes combine with stems or full words, whereas word combine with other words or with phrases.

d. An element that is strictly ordered with respect to an adjacent morpheme is almost surely a clitic(or an affix), while an element exhibiting free order with respect to an adjacent word is certainly an independent word.

e. Affixes typically have a single principle governing their distribution; Eng. − ness combines with adjectives, − ing with verbs. Words rarely have distribution that can be described in a single principle; the combinatory possibilities for a verb like watch are numerous.

f. Words frequently are morphologically complex, affixal units rarely are.

접어는 홀로 설 수 없고, 다른 접어와 결합할 수 있으며, 인접하는 요소와의 어순이 고정되어 있다. 반면에 단어는 독립적으로 사용될 수 있고, 다른 단어나 구와 결합할 수 있으며, 인접한 단어와 결합이 비교적 자유로우며, 분포를 하나의 원리로 설명하는 데에 어려움이 있고, 형태론적으로 복잡한 구조를 가질 수 있다. 그리고 일부의 굴절 어미가 더 이상의 다른 어미가 결합하지 못하도록 하는 기능이 있는 것과 마찬가지로 접어 결합을 할 수 없도록 하는 요소도 접어이다.

위에서 언급되지 않았던 기준으로 피수식 가능성과 대용 가능성이 있다. 접어는 통사적으로 하나의 단어이기 때문에 자체적으로 수식을 받을 수 있지만 어미는 단어의 일부이기 때문에 피수식의 대상이 될 수 없다. 마찬가지로 선행사-대용어 관계에서 접어는 대용어 역할을 할 수 있지만 단어의 일부인 어미는 대용어로서의 역할을 할 수 없다. 비독립적인 어떤 연쇄체가 수식을 받을 수 있거나 대용어로 쓰일 수 있다면 어미라기보다는 접어로 분석이 되어야 할 것이다.

지금까지 언급한 것을 정리하면 아래의 도표와 같이 나타낼 수가 있다.

(56)

	분석	단어	접어	어미
음운적 기준	휴지에 의한 분리	가능	불가능	불가능
	강세	가능	불가능	가능
형태적 기준	자의적 공백 가능성		낮음	높음
	조합 가능성	높음	매우 높음	낮음
	어순 제약	낮음	매우 낮음	매우 높음
통사적 기준	독립성	매우 높음	낮음	없음
	어순 변화 및 생략	가능	낮음	불가능
	피수식 가능성	매우 높음	높음	불가능
	대용어	가능	가능	불가능

위와 같은 분류를 바탕으로 음운론적 기준, 형태적 기준 그리고 통사적 기준으로 나누어 이탈리아어의 접어를 점검해 보겠다.

2.3 이탈리아어 접어의 기본적 속성

이탈리아어 접어의 속성을 밝히기 위해 앞 섹션에서 살펴본 음운적 기준, 형태적 기준, 통사적 기준을 바탕으로 다양한 이탈리아어 접어를 살펴보기로 하자. 이 논의에서 *loro*는 제외한다. 2.1.10에 나타난 것처럼 이 접어는 단어의 특징을 분명히 갖고 있기 때문에 단어로 간주하겠다.

먼저 이탈리아어의 접어는 동일한 속성을 가지고 있지 않다는 전제하에 분석을 시도하려고 한다. 먼저 이탈리아어에서 나타나는 접어를 세 그룹으로 나누려고 한다. 접어가 명사구나 전치사구와 상보적 분포를 보이는 그룹과 상보적 분포를 보이지 않는 그룹, 그리고 구의 성격을 보이는 그룹으로 나누어서 이들 그룹을 나누는 것이 타당한지 보기로 하겠다.

(57)

　　a. 어미 성질의 접어: 내재 재귀사 접어, 능격 접어, 중간태 접어

　　b. 단어 성질의 접어: 직접 목적 접어, 간접 목적 접어, 재귀사 접어, 비인칭 주어 접어, 부분 대명사 접어, 장소 부사 접어[19]

　　c. 구 성질의 접어: *loro*

어미 성질의 접어는 이와 바꾸어 쓸 수 있는 명사구나 전치사구 그리고 강형이 없다. 단어 성질의 접어는 명사구나 전치사구와 상

---

19) 여기에서 단어 성질의 접어는 통사상의 단어를 말한다. 물론 음운론적으로는 단어가 아니다.

보적 분포를 보이는 그룹이다. 그리고 구 성질의 접어 *loro*는 전치사구의 속성을 보인다.

먼저 어미 성질의 접어(내재 재귀사 접어, 능격 접어, 중간태 접어)들 중에서 능격 접어를 예로 살펴보자.

(58) a. Il vetro **si** rompe. (능격 접어)

　　　 the glass si(CL)＋breaks　　→ 거울이 깨지다.

　　 b. *Il vetro rompe se.

　　　 the glass breaks *se

(59) Giovanni rompe il vetro.

　　 Giovanni breaks the glass　　→ Giovanni는 거울을 깨트린다.

(58a)는 능격 접어로 (58b)와 같은 대응 문장, 즉 강형을 가질 수 없다. 그리고 (59)와 같은 타동사 *rompere*가 접어화되면서 타동성이 사라지고 능격화된다. 능격 접어는 타동성을 없애는 파생 접미사와 같다.

단어 성질의 접어는 명사구나 전치사구와 상보적 분포를 보이는 그룹으로 직접 목적 접어, 간접 목적 접어, 재귀사 접어, 비인칭 주어 접어, 부분 대명사 접어, 장소 부사 접어 중에서 직접 목적 접어의 예를 보자.

(60) a. Ogni mattina leggo <u>il giornale</u>.

every morning read(*1, sg*) the newspaper

  ➤ 나는 아침마다 신문을 읽는다.

b. **Ogni** mattina **lo** **leggo**. (직접 목적 접어)

every morning it(CL)(*sg, m*) + read(*1, sg*)

  ➤ 나는 아침마다 그것을 읽는다.

c. *Ogni mattina **lo** leggo il giornale.

every morning it(CL)(*sg, m*) + read(*1, sg*) the newspaper

(61) a. Voglio molto <u>fredda birra</u>.

want(*1, sg*) very cold beer

  ➤ 나는 매우 차가운 맥주를 원한다.

b. **La** voglio molto **fredda**.

it(CL) + want(*1, sg*) very cold

  ➤ 나는 매우 차가운 그것을 원한다.

(60b)는 (60a)의 *il giornale*를 *lo*로 접어화한 예이다. 같은 문장 안에 대격을 받을 수 있는 *lo*와 *il giornale*가 있으면 비문이다. 이러한 사실은 명사구인 *il giornale*가 접어화될 때 그 접어는 대격을 받는다는 사실을 알 수 있다. 그리고 (61a)에서 명사인 *birra*가 형용사인 *fredda*에 의해서 수식을 받는 것처럼 접어화되었을 때 그 접어는 형용사에 의해서 수식을 받는다.

구 성질의 접어 *loro*는 전치사구 *a loro*에 대응된다. 동사구 다음에 오는 *loro*와 *a loro*는 차이점이 없으나 그들 사이에 명사구가 있을 때는 차이점이 드러난다.

(62) a. Carlo scrive a loro una lettera.

Carlo writes to them a letter

→ Carlo는 그들에게 편지를 쓴다.

b. Carlo scrive **loro** una lettera.

Carlo writes + them(CL) a letter

→ Carlo는 그들에게 편지를 쓴다.

(63) a. Carlo scrive una lettera a loro.

Carlo writes a letter to them

→ Carlo는 그들에게 편지를 쓴다.

b. *Carlo scrive una lettera **loro**.

Carlo writes a letter + them(CL)

(62a)와 (62b)는 차이점이 없다. 그러나 (63b)처럼 명사구가 삽입되면 비문이 된다. 이 문장이 비문인 이유는 숙주어인 동사와 접어 사이에 다른 요소가 삽입되었기 때문이다.

구 성질의 접어는 단어 성질의 접어와는 달리 수식을 받을 수 없다. 형용사 *tutto*가 전치사구를 수식할 수 없는 것처럼 접어 *loro*를 수식할 수 없다.

(64) a. *Carlo scrive a loro tutto una lettera.

Carlo writes to them all a letter

→ Carlo는 그들 모두에게 편지를 쓴다.

b. *Carlo scrive **loro** tutto una lettera.

Carlo writes + them(CL) a letter

지금까지 어미 성질의 접어와 단어성질의 접어 그리고 구 성질의 접어의 특징들을 보았다. 우리가 위의 예에서 알 수 있는 것은 접어가 동일한 현상을 보이지 않는다는 사실이다. 이 연구에서는 이탈리아어의 접어들을 세 부류로 구분해서 분석하고자 한다.

2.3.1 음운론적 기준

이탈리아어 접어의 성질을 밝히기 위해 적용할 수 있는 음운적 기준은 다음의 두 가지가 있다.

(65) a. 휴지에 의한 분리(Can be separated by pauses)

　　 b. 강세(Can be stressed)

(65a)는 문제가 되는 어떤 요소와 휴지(pause)에 의해 분리될 수 있는지를 보는 기준이다. 단어는 이웃 단어와의 사이에 휴지를 가질 수 있지만, 접어나 어미는 이웃 요소와의 사이에서 휴지를 가질 수 없다. 이유는 음운적으로 독립성이 없기 때문이다. (65b)는 해당 부분이 강세를 받을 수 있는지를 나타내는 기준이다. 단어는 물론 강세를 가질 수 있다. 어미는 강세를 갖는 경우도 있고, 자신이 강세를 갖지 못하더라도 어간(stem)에 영향을 주어 강세를 이동시키

기도 한다.[20] 그러나 접어는 강세를 받지 못할 뿐만 아니라 강세를
이동시키지도 못한다.

2.3.1.1 휴지에 의한 분리

단어와 다른 단어 사이에는 휴지가 들어갈 수 있으나 음운적인
독립성이 없는 어미나 접어가 어간이나 단어와 각각 인접할 때는
휴지가 들어갈 수 없다.

(66) a. 단어

Un ▽ uomo ▽ che ▽ studia ▽ in ▽ Italia[21].

a man who studies in Italy

→ 이탈리아에서 공부하는 한 남자

b. 어미 성질의 접어

*Si ▽ mangiano le mele.

si(CL) + eat(*3, pl*) the apples   → 사과가 먹힌다.

c. 단어 성질의 접어

*Lo ▽ comincerò domani.

it(CL) + will start(*1, sg*) tomorrow

→ 나는 그것을 내일 시작할 것이다.

d. 접사

* Parl ▽ erò

---

20) 굴절 어미는 어휘적인 범주에 변화를 일으키지 않는다(Miller 1992, Zwicky & Pullum
1983, Monachesi 1995).

21) 여기에서 기호 ▽는 휴지를 의미한다.

will speak(*1, sg*) → 나는 말할 것이다.

위의 예에서 알 수 있듯이 어미 성질의 접어나 단어 성질의 접어와 숙주어 사이에는 휴지가 들어갈 수 없다. 어간(stem)과 접사 사이에도 휴지가 들어갈 수 없다.

2.3.1.2 강세

강세란 어떤 음절을 주위의 음절보다 더 강하게 발음할 때 그 음절에 가해지는 배기(egressive)의 세기이다. 이러한 강세는 단어에만 나타난다.

(67) a. 단어

onésto → 정직한

b. 어미 성질의 접어

*Lo specchio **SI** rompe.

the mirror si(CL)+break(*3, sg*) → 거울이 깨진다.

c. 단어 성질의 접어

*Giorgio **LO** legge.

Giorgio it(CL)+read(*3, sg*) → Giorgio는 그것을 읽는다.

d. *StudiO.[22]

study(*1, sg*) → 나는 공부한다.

---

[22] 이탈리아어에서 원과거(remote past)나 미래(future) 시제에서 동사의 굴절 어미에 강세가 오는 것을 볼 수가 있다(예: Studiò(원과거) '그는 공부했다', Studierà(미래) '그는 공부할 것이다').

단어 (67a)는 강세를 받을 수 있으나, 어미 성질의 접어(67b)나 단어 성질의 접어(67c) 그리고 어미 (67d)는 강세를 받을 수 없다. 이 점에서는 어미 성질의 접어와 단어 성질의 접어의 차이점이 없다.

2.3.2 형태적 기준

형태적 기준들은 접어가 형태적으로 어떤 성격을 가지고 있는지 판단하는 데 중요한 역할을 한다.

(68) a. 자의적 공백 가능성(Possibilities of arbitrary gap)

    b. 조합 가능성(Combinatory possibilities)

    c. 어순 제약(Selectivity of adjacent items)

(68a)의 기준은 결합이 예상되는 것들 중에서 자의적 공백이 있으면 접어군보다는 단어와 어미/접사의 결합체일 가능성이 크다는 사실을 나타내고 있다. (68b)는 문제의 요소가 어떤 종류와 결합될 수 있는지의 조합 가능성에 대한 기준이다. 어미는 어간이나 완전한 단어와 결합을 하고, 접어는 단어와 결합을 하며, 단어는 완전한 단어나 구와 결합을 한다. 예를 들면, 영어에서 어미 *–ness*는 형용사와 결합을 하고 *–ing*는 동사와 결합하지만 단어가 보이는 분포도는 훨씬 복잡한 원리를 갖게 된다. (68c)의 기준은 어떤 요소가 인접한 다른 요소를 선택하는 데 어느 정도의 제약이 따르는지를 따지는 기준이다. 예를 들면 Wackernagel 위치에 오는 접어는

무조건 절에서 두 번째 위치에 나타나는 반면에 단어는 인접한 요소에 대해서 통사 · 형태 · 의미적인 제약이 따른다.

2.3.2.1 자의적 공백 가능성

Zwicky & Pullum(1983)은 자의적 공백은 굴절 체계에서 나타날 수가 있다고 지적하고 있다.

(69) 어미 성질의 접어

    a. Lo specchio **si** rompe.

       the mirror si(CL) + break(*3, sg*)   → 거울이 깨진다.

    b. *Lo specchio **ti** rompe.

       the mirror ti(CL) + break(*3, sg*)

(70) 단어 성질의 접어

    a. **Ti** amo.

       you(CL) + love(*1, sg*)   → 너를 사랑해.

    b. **La** amo.

       her(CL) + love(*1, sg*)   → 그녀를 사랑해.

어미 성질의 접어가 나타내는 공백의 빈도는 단어 성질의 접어에 비해서 훨씬 높다. 이러한 공백은 동사의 굴절 변화에서도 찾아볼 수 있다.

(71) 어미

Piove

rains   → 비가 내린다.

(72) a. *Para.

seem

b. *Poti.

can

(71)과 같이 날씨를 나타내는 동사들은 다른 동사들의 굴절 체계와 달리 3인칭 단수와 복수만 존재하고, (72)와 같이 특정 부류의 동사들은 명령법이 존재하지 않는다.

2.3.2.2 조합 가능성

이 제약은 접어가 클러스터를 형성할 수 있는지 또는 특정한 부류의 동사를 숙주어로 요구하는지에 관한 것이다. 어미 성질의 접어는 특정 부류의 동사와 함께 나타나고 있다. 예를 들면 중간태 접어에는 타동사만 결합할 수 있다.

(73) a. **Si** vendono i libri in libreria. (중간태 접어)

si(CL) + sell(*3, pl*) the books in bookstore

→ 서점에서 책들이 팔린다.

b. * **Si** vende i libri in libreria. (중간태 접어)

si(CL) + sell(*3, sg*) the books in bookstore

(74) *Si parlano le verità.

si(CL) + speak(*3, pl*) the reality(*pl, f*)

(73a)에서는 *vendere*가 타동사이기 때문에 정문이지만 (74)에서는 *parlare*가 자동사이기 때문에 비문이다. 중간태 접어 구문은 대상 / 피행위자에 해당하는 명사구가 복수이면 3인칭 복수 동사를 요구하고, 명사구가 단수이면 3인칭 단수 동사를 요구한다. (73b)가 비문인 이유는 대상 / 피행위자인 명사구가 복수인데 3인칭 단수 동사가 나와서 생긴 비문이다. 그러나 단어 성질의 접어는 단어처럼 결합할 수 있는 범위의 폭이 넓다.

(75) 단어 성질의 접어

    a. **Le** vede.

       them(CL) + see(*3, sg*)   → 그는 그들을 바라본다.

    b. **Le** vedono.

       them(CL) + see(*3, pl*)   → 그들은 그들을 바라본다.

중간태 접어는 대상 / 피행위자를 단수나 복수를 요구하고 동사들 중에서도 타동사로 3인칭 단수나 복수만을 요구하는 반면에 단어 성질의 접어는 1인칭 단수·복수와 2인칭 단수·복수 그리고 3인칭 단수·복수와 결합할 수 있다(75a, b).

2.3.2.3 어순 제약

Zwicky & Pullum(1983)는 접어는 이미 접어를 포함하고 있는 연쇄체에 결합을 할 수 있지만 접사는 그런 연속체에 결합을 할 수 없다고 한다.

이탈리아어에서 넷 이상의 접어가 결합되는 숙주어는 거의 찾아볼 수 없다. 그렇다고 해서 그런 구문이 비문법적인 것은 아니다. Lepschy & Lepschy(1988)는 다음과 같은 문장이 이론적으로는 가능하다고 한다.

(76) a. **Mi$_1$ gli$_2$ vi$_3$ ti$_4$ ci$_5$ ce$_6$ lo$_7$ se$_8$ ne$_9$** prende.

    b. Per me$_1$, a Roma$_3$, uno$_8$ si$_6$ prende, invece di te$_4$, a nome nostro$_5$, il registratore$_7$ per Giorgio$_2$ dal maggio$_9$.

       for me, at Rome, one himself take, instead of me, in our name, the registrator for Giorgio from the May

      ➤ 나를 위해서 나 대신에 한 사람 자신이 우리 이름으로 5월부터 Giorgio를 위해서 명부를 가져온다.

(76a)는 (76b)와 같은 문장을 접어화했을 때 생기는 구문이다. Lepschy & Lepschy(1988)는 이러한 문장이 어색한 이유는 의미 해석이 분명하지 않기 때문이라고 이유를 밝히고 있다.

어미 성질의 접어에 속하는 접어는 같은 부류에 속하는 접어와 클러스터를 형성할 수 없다.

(77) *Ci si arrabbia spesso. (중간태 접어＋내재 재귀 접어)

si(CL)＋si(CL)＋gets angry often

중간태 접어와 내재 재귀 접어 구문(77)이 비문인 이유는 접어 모두 어미 성질의 접어이기 때문에 숙주어와 떨어져서 나타날 수 없기 때문이다.

2.3.3 통사적 기준

논의의 대상이 되는 부분이 아래의 통사적인 기준을 만족시키면 단어로 보아야 한다. 이탈리아어의 접어가 아래의 통사적인 기준들을 만족시키는지 살펴보기로 하자.

(78) a. 독립성(Can stand alone)

    b. 어순 변화 및 생략(Free order and deletion)

    c. 피수식 가능성(Can be modified)

    d. 대용어(Anaphor)

(78a)는 어떤 요소가 문장에서 독립적으로 사용될 수 있는지에 관한 기준이다. 일반적으로 독립 단어(내용어)는 홀로 설 수 있으나 접어나 어미는 홀로 설 수는 없다.[23] (78b)는 이웃하는 요소와의

---

23) Palmer(1969)는 단어를 크게 구조어(structural word)와 내용어(content word)로 구분한다. 구조어가 독립된 의미를 갖지 못하고 문장의 요소들 간에 관계를 나타내는 통사적인, 문법적인 기능을 가리키는 데 반하여 내용어는 독립된 의미 단위를 형성하는 단어를 가리킨다.

어순이 자유로운지 또는 생략이 가능한지를 나타내는 기준이다. 단어는 자유 어순의 성격을 보이지만 접어나 어미는 특정한 위치에만 나타나는 경향이 있다. (78c)는 해당 요소가 수식을 받을 수 있느냐를 따져 보는 기준이다. 단어는 수식을 받을 수 있지만 단어의 일부는 수식을 받을 수 없다. (78d)는 대용어로 사용될 수 있는지를 보는 기준이다.

2.3.3.1 독립성

단어는 홀로 사용할 수 있지만 어미나 접어는 홀로 설 수 없다. 어떤 차이점이 있는지 보기로 하자.

(79) a. Mario / Carla

    b. Lui / Lei.

      him / her   → 그를 / 그녀를

단어(79a)나 강형(79b)은 독립성을 가지고 있으나 어미 성질의 접어와 단어 성질의 접어 그리고 접사는 독립성을 가지지 못하고 있다.

(80) a. *Lo / *La (단어 성질의 접어)

    b. *Si (어미 성질의 접어)

    c. *O (parlo 중에서 －o)

통사적 독립성의 기준에서는 어미 성질의 접어와 단어 성질의 접어의 차이점은 발견할 수 없다.

2.3.3.2 어순 변화 및 생략

단어는 이동이나 생략이 자유로운 편이나 접어는 자리가 정해져 있으며 생략하면 비문이 된다.

(81) a. Il fiume scorreva lentamente.

　　　the river ran slowly　　　→ 강물은 천천히 흘렀다.

　　b. Il fiume lentamente scorreva.

　　　the river slowly ran

　　c. Lentamente, il fiume scorreva.

　　　slowly, the river ran

　　d. Il fiume scorreva.

　　　the river ran　　　→ 강물은 흘렀다.

위의 예에서 단어 *lentamente*는 이동이 자유롭고 생략도 가능하다. 어미 성질의 접어나 단어 성질의 접어는 단어만큼 이동이나 생략이 자유롭지 못하다.

(82) a. Gianni **lo** deve leggere e correggere.

　　　Gianni it(CL) + must(*3, sg*) read and correct

　　　→ Gianni는 그것을 읽고 수정해야 한다.

b. *Gianni **lo** comprerà e indosserà alla festa.

Gianni it(CL)+will buy(*3, sg*) and will wear(*3, sg*) at the party.

   ➤ Gianni는 그것을 사서 잔치에 입을 것이다.

(83) *Il bicchiere **si** cade giù e rompe.

the cup si(CL)+fall(*3, sg*) down and break(*3, sg*)

   ➤ 컵이 떨어져서 깨진다.

(82a)에서는 '읽는 행위'와 '수정하는 행위'가 상호 밀접한 관련성 있다. 의미적으로 밀접한 연속성(continum)을 보일 때 단어 성질의 접어는 생략이 되어도 정문이다. 그러나 (82b)는 '사는 행위'와 '입는 행위'가 밀접한 연속성을 보이지 않는다. (83)은 (82a)처럼 '떨어지는 것'과 '깨진 것'이 밀접한 연속성이 있지만 비문이다.[24] (82a)처럼 단어 성질의 접어는 접어를 생략할 수 있는 경우와 (82b)처럼 생략할 수 없는 경우가 있다. 그러나 어미 성질의 접어는 생략할 수 없다(83). 이러한 특징으로 볼 때 단어 성질의 접어는 단어의 속성을 보이지만 어미 성질의 접어는 어미의 속성을 보인다.

다음은 이동에 대해서 보기로 하자.

(84) a. Maria **lo** vuole.

Maria it(CL)+want(*3, sg*) ➤ Maria는 그것을 원한다.

---

24) 비인칭 구문에서도 이와 같은 예문이 나타난다.
Qui si mangia e beve a sazietà.
here si(CL)+eat(*3, sg*) and drink(*3, sg*) fill
'여기에서 사람들은 충분히 먹고 마신다.'
이에 대한 자세한 논의는 다음 장에서 하도록 하겠다.

    b. *Lo Maria vuole.

       it(CL) Maria want(*3, sg*)

    c. *Maria vuolelo.

       Maria want(*3, sg*) + it(CL)

(85) a. Il bicchiere **si** cade giù.

       the cup si(CL) + fall(*3, sg*) down → 컵이 떨어진다.

     b. ***Si** il bicchiere cade giù.

        si(CL) the cup + fall(*3, sg*) down

     c. *Il bicchiere cade **si** giù.

        the cup fall(*3, sg*) + si(CL) down

어미 성질의 접어나 단어 성질의 접어 모두 이동이 불가능하다.
접어는 숙주어로 동사를 요구하기 때문에 숙주어와 동사가 떨어지
면 비문이 된다. 접어는 시제가 있는 문장에서 후접어로 나타난다.
숙주어와 결합된다고 해도 전접어일 때는 비문이 된다. 생략에서는
어미 성질의 접어와 단어 성질의 접어의 차이가 없다.

2.3.3.3 피수식 가능성

수식을 받을 수 있는 최소 단위는 단어이다. 겉으로 보기에 완전
한 단어처럼 보이지 않는 요소라도 수식을 받을 수 있으면 그것 역
시 단어의 속성을 가지고 있다고 말할 수 있다. 단어 성질의 접어
는 단어처럼 수식을 받을 수 있다.

(86) a. Voglio molto <u>fredda birra</u>.

      want(*1, sg*) very cold beer

       ➡ 나는 매우 차가운 맥주를 원한다.

  b. **La** voglio molto **fredda**.

      it(CL)+want(*1, sg*) very cold

       ➡ 나는 매우 차가운 그것을 원한다.

(87) a. Fumo <u>molte sigarette</u>.

      smoke(1, sg) many cigarettes

       ➡ 나는 많은 담배를 피운다.

  b. **Ne** fumo **molte**.

      of them(CL)+smoke(*1, sg*) many

       ➡ 나는 그것들 중에서 많이 피운다.

  (86b)의 *la*는 *fredda*에 의해서 수식을 받고, (87b)의 *ne*는 *molte*에 의해서 수식을 받는다. (86b)와 (87b)의 예들에서 형용사가 숙주어까지 수식한다고 볼 수는 없다.

2.3.3.4 대용어

  대용어는 영어의 *each other, himself* 등과 같이 독립적인 지시를 갖지 못하고 문장 내에서 선행사를 필요로 하는 요소이다. 단어 성질의 접어는 대용어로 사용될 수 있다. 이러한 사실은 단어 성질의 접어는 통사적인 면에서 단어의 기능을 하고 있다는 것을 입증해준다. 아래의 예를 보자.

(88) a. Io*ᵢ* **mi***ᵢ* difendo.

    I myself(CL) + protect(*1, sg*)   → 나는 스스로 방어한다.

  b. Io difendo me stesso.

    I protect(*1, sg*) myself

(88a)는 대용어의 기능을 하는 재귀 접어 *mi*가 주어 *io*와 동일 지표를 갖는 구문이고 (88b)의 *me stesso*는 강형으로 주어 *io*와 동일 지표를 갖는다.

다음의 구문에서는 상호 재귀 접어 *si*가 주어인 *Le galline*와 동일 지표를 갖는다.

(89) Le galline*ᵢ* **si***ᵢ* beccano.

  the hens each other(CL) + peck(*3, pl*) → 암탉들은 서로 쫀다.

이탈리아어에서 재귀 접어 이외에도 단어 성질의 접어도 대용어로 사용될 수 있다.

(90) a. La birra*ᵢ* **la***ᵢ* voglio fresca.

    the beer it(CL) + want(*1, sg*) fresh

    → 나는 맥주 시원한 그것을 원한다.

  b. *La birra*ᵢ* **lo***ᵢ* voglio fresca.

    the beer it(CL) + want(*1, sg*) fresh

(90a)는 선행사인 *la birra*와 대용어인 *la*가 동일 지표여서 정문이

지만 (90b)는 *La birra*와 대용어인 *lo*가 동일 지표여서 비문이다. 선행사에 해당하는 명사구가 여성 단수일 때 대용어로 *la*를 요구하고 남성 단수일 때는 *lo*를 요구한다. 또 명사구가 여성 복수일 때 대용어로 *le*를 요구하고 남성 복수일 때는 *li*를 요구한다.

위의 예들을 통해서 알 수 있듯이 단어 성질의 접어는 대용어로 사용될 수 있다.

이 절에서 지금까지 살펴본 결과를 종합하면 이탈리아어의 모든 접어를 동일한 층위에서 분석할 수 없다는 결론에 이른다.[25]

(91)

	분석	단어 성질의 접어	어미 성질의 접어
음운적 기준	휴지에 의한 분리	불가능	불가능
	강세	불가능	불가능
형태적 기준	자의적 공백 가능성	낮음	높음
	조합 가능성	높음	낮음
	어순 제약	매우 낮음	높음
통사적 기준	독립성	낮음	낮음
	어순 변화 및 생략	가능	낮음
	피수식 가능성	높음	없음
	대용어	가능	불가능

어미 성질의 접어는 어미의 속성을 보이고 있고, 단어 성질의 접어는 단어의 속성을 보이고 있다. 그리고 *loro*는 2.1.10에서 언급한 바와 같이 음운적으로 숙주어인 동사에 기대어 사용된다는 것 이외에 다른 모든 측면에서 단어 / 구의 성격이 너무 분명하기 때문에

---

25) Miller(1992)와 Monachesi(1995)는 이탈리아어의 모든 접어를 굴절 어미와 유사한 것으로 분석했다.

따로 분석하지 않았다. 또한 앞에서 구분했던 어미 성질의 접어와 단어 성질의 접어 그리고 구 성질의 접어를 구분해 주는 다른 증거들이 있다.

어미 성질의 그룹은 단어 성질의 접어와 구 성질의 접어와 달리 숙주어와 접어 사이에 다른 접어의 삽입이 불가능하다.

(92) a. Giovanni **si** arrabbia spesso. (내재 재귀 접어)

Giovanni si(CL)+gets angry often

→ Giovanni는 종종 화낸다.

b. *Giovanni **se ne** arrabbia spesso.

Giovanni si(CL)+of them(CL) gets angry often

→ Giovanni는 종종 그것에 대해서 화낸다.

(93) a. Lo specchio **si** rompe. (능격 접어)

the mirror si(CL)+breaks → 거울이 깨진다.

b. *Lo specchio **si ci** rompe.

the mirror si(CL)+there(CL)+breaks

→ 거울이 그곳에서 깨진다.

(94) a. **Si** comprano le mele. (중간태 접어)

si(CL)+buy(*3, pl*) the apples → 사과들이 사진다.

b. ***Si ci** comprano le mele.

si(CL)+there(CL)+buy(*3, pl*) the apples

→ 사과들이 그곳에서 사진다.

(92b), (93b)와 (94b)처럼 숙주어(host)인 동사와 어미 성질의 접어 사이에 어떤 접어도 끼어들 수 없다. 이는 어미가 갖는 중요한 성질이다.

이탈리아어에서 능격 동사는 접어가 있는 능격 동사(*rompersi* '깨지다' 등)와 접어가 없이 사용되는 능격 동사(*arrivare* '도착하다' 등)로 분류된다. 이때 접어가 있는 능격 동사의 접어는 어떤 통사적 기능도 하지 않는다. Burzio(1986)는 이러한 능격 접어를 접사로 보았다.

(95) a. Il vetro **si** rompe. (능격 접어)

  the glass si(CL) + breaks → 거울이 깨지다.

 b. Giovanni rompe il vetro.

  Giovanni breaks the glass → Giovanni는 거울을 깨뜨린다.

(96) a. Giovanni **si** sbaglia. (내재 재귀 접어)

  Giovanni si(CL) + mistakes → Giovanni는 실수한다.

 b. *Giovanni sbaglia Piero.

  Giovanni mistakes Piero

그는 (95a)와 (95b)처럼 능격 접어 구문은 타동사 구문과 짝을 이루지만, 내재 재귀 접어 구문(96a)은 짝을 이루는 타동사 구문은 없는 것으로 보았다. 능격 동사와 내재 재귀 접어를 주어 의미역 (subject θ-role)을 없애는 표지로 보았다. Burzio(1986)은 능격 접어와 내재 재귀 접어를 접사로 추론하였다[26].

---

26) Monachesi(1995)는 능격 접어와 내재 재귀 접어뿐만 아니라 이탈리아어의 모든 접어를 접사로 보았다.

만약에 Burzio(1986)의 추론이 맞는다면 Monachesi(1995:102 –
120)가 제시하고 있는 접어 분석례에 문제가 있다. 그녀는 내재 재
귀 접어가 단어 성질의 접어와 결합하는 것으로 분석하고 있다[27].

- Inherent reflexive **mi** and accusative **la**

(97) **Me la** strinsi intorno alle gambe(Monachesi 1995:110).

    cl. cl. pressed around the legs → I pressed it around my legs.

- Inherent reflexive **mi** and dative **ci**(Monachesi 1995:112)

(98) **Mi ci** ero affezionata anch'io alla parte.

    cl. cl. was growing fond as well I to the role

    → I was also growing fond of the role.

(97)에서 Monachesi(1995)가 내재 재귀 동사라고 표시한 *stringersi*는
짝을 이루는 타동사 *stringere*가 있다. Burzio(1986)에 의하면 *stringersi*
는 타동사와 짝을 이루고 있기 때문에 내재 재귀 동사는 아니다.

(99) **Lo** strinse fra le braccia.

    him(CL)＋pressed between the arms → 팔 사이에 그를 끼었다.

내재 재귀 동사는 이탈리아어 문법에서 전통적으로 대명 자동사
(pronominal intransitive verb)로 분류되던 것으로 대격이나 여격을
할당할 수가 없다. (97)에서 Monachesi가 표시한 것처럼 대격을 부

---

27) 접어를 cl로만 표기한 점과 주어진 문장의 의미 해석은 Monachesi(1995)에 따른 것이다.

여한다면 *stringersi*는 내재 재귀 동사가 아니라 재귀 동사이다. 그녀
가 했던 표기와 의미 해석을 이 연구에서 하고 있는 표기로 쓴다면
아래와 같다.

(100) **Me la** strinsi intorno alle gambe. (＝97)

myself(CL)＋it(CL)＋pressed(*1, sg*) around the legs

　　➙ 나 자신이 다리 사이에 그것을 끼었다.

(97)의 의미 해석은 '나는 다리 사이에 그것을 끼었다.'이고 (100)
의 의미 해석은 앞에서 기술한 것처럼 '나 자신이 다리 사이에 그
것을 끼었다.'이다.

(98)의 동사 *affezionarsi* 역시 짝을 이루는 타동사 *affezionare*가 있
다. Burzio(1986)에 의하면 *affezionarsi*는 타동사와 짝을 이루고 있기
때문에 내재 재귀 동사는 아니다.

(101) Lui affeziona Carlo allo studio.

he affects Carlo to the studying

　　➙ 그는 Carlo가 공부를 좋아하게 만들었다.

앞에서 언급한 것처럼 내재 재귀 동사는 여격을 할당할 수 없다.

(102) **Mi ci** ero affezionata anch'io alla parte. (＝98)

myself(CL)＋about that(CL)＋was(*1, sg*) affected as well I to

the role　　➙ 나 자신도 그 역할에 대해서 좋아지기 시작했다.

(98)의 의미 해석은 '나도 그 역할에 대해서 좋아지기 시작했다.'
이고 (102)는 위에서 기술한 것처럼 '나 자신도 그 역할에 대해서
좋아지기 시작했다.'이다.

위에서 분석한 예를 보아서 알 수 있는 것은 Monachesi(1995)가
내재 재귀 동사라고 표기한 것들의 상당수가 잘못된 것으로 판단
된다. 그리고 Monachesi(1995)가 제시한 예문들 중에 내재 재귀 접
어로 분석되어서는 안 되고 어휘 항목에 그대로 등재되어야 하는
것도 있다.

(103) Non **se ne** andavanno via(Monachesi 1995:114).

     not se(CL) + ne(CL) + went away   → 그들은 가지 않았다.

(103)은 Monachesi(1995)가 내재 재귀사 *andarsi*와 위치 접어 *ne*로
분류하였던 예이다. 그러나 이탈리아어에는 숙어화되어 접어의 클
러스터가 동사와 함께 어휘 항목에 등재되어야 하는 것들이 많이
있다. 예를 들면 *aversene, volersene, andarsene, veinrsene, tornarsene,
starsene, partirsene, godersela, cavarsela, passarsela* 등이 있다. 앞에서 언
급한 것처럼 내재 재귀 동사는 격을 할당할 수 없기 때문에 (103)
의 예문 역시 내재 재귀 구문이 아닌 숙어화된 *andarsene*에서 나온
것으로 보는 것이 타당할 것 같다.

그렇다면 위의 (97)과 (98) 그리고 (103)의 예들도 내재 재귀 접
어는 어미 성질의 접어로 이 접어와 동사 사이에 아무 요소도 끼어
들 수 없다는 우리의 주장에 반례가 되지 않는다.

단어 성질의 접어가 명사구, 전치사구와 상보적 분포를 보인다는

것은 접어가 논항 기능을 한다는 것을 의미한다. 그리고 어미 성질
의 접어와는 달리 접어의 클러스터(cluster)를 형성한다. 접어와 숙주
어 사이에 다른 접어가 삽입되어서 접어 클러스터를 형성할 수 있
다는 것은 그 접어를 어미의 성질로 볼 수 없는 증거가 될 수 있다.
　먼저 접어가 명사구나 전치사구와 상보적 분포를 보이는 예를
보자.

(104) a. Ogni mattina leggo <u>il giornale</u>.

　　　　every morning read(*1, sg*) the newspaper

　　　　➛ 나는 아침마다 신문을 읽는다.

　　 b. Ogni mattina **lo** leggo. (직접 목적 접어)

　　　　every morning it(CL)(*sg, m*) + read(*1, sg*)

　　　　➛ 나는 아침마다 그것을 읽는다.

(105) a. <u>A me</u> interessa una gonna blu.

　　　　to me interests a skirt blue

　　　　➛ 나에게 청치마가 흥미를 끈다.

　　 b. **Mi** interessa una gonna blu. (간접 목적 접어)

　　　　to me(CL) + interests a skirt blue

　　　　➛ 나에게 청치마가 흥미를 끈다.

(106) a. Carlo lava <u>sé</u>.

　　　　Carlo washes himself　　➛ Carlo는 자신을 씻는다.

　　 b. Carlo **si** lava. (재귀사 접어)

　　　　Carlo himself(CL) + washes　➛ Carlo는 자신을 씻는다.

(107) a. Su questo letto <u>uno</u> dorme bene.

on this bed one sleeps well

➤ 사람들은 이 침대에서 잘 잔다.

b. Su questo letto **si** dorme bene. (비인칭 주어 접어)

on this bed one(CL)＋sleeps well

➤ 사람들은 이 침대에서 잘 잔다.

(108) a. Non so nulla <u>di ciò</u>.

not know(*1, sg*) nothing of that

➤ 나는 그것에 대해서 모른다.

b. Non **ne** so nulla. (부분 대명사 접어)

not of that(CL)＋know(*1, sg*) nothing

➤ 나는 그것에 대해서 모른다.

(109) a. Vai spesso <u>a Roma</u>?

go(*2, sg*) often to Rome ➤ 너는 종종 로마에 가니?

b. No, **ci** vado di rado. (장소 부사 접어)

no, there(CL)＋go(*1, sg*) seldom

➤ 아니, 거기에 거의 가지 않아.

(102)에서부터 (109)의 예를 통해서 우리는 명사구나 전치사구 대신에 단어 성질의 접어가 사용되는 것을 보았다. 접어가 동일 지표의 명사구나 전치사구와 함께 사용되면 비문이 된다.[28]

---

28) 명사구나 전치사구가 도치되었을 때는 접어가 재서 대명사(resumptive pronoun)로 쓰일 수 있다.
　　a. <u>Il giornale</u> **lo** leggo la mattina.

(110) a. *Ogni mattina **lo** leggo il giornale.

every morning it(CL)(*sg, m*) + read(*1, sg*) the newspaper

b. *A me **mi** interessa una gonna blu.

to me to me(CL) + interests a skirt blue

그리고 단어 성질의 접어는 어미 성질의 접어와는 달리 접어와 숙주어 사이에 다른 접어가 올 수 있다.

(111) a. Non **te lo** posso dire.

not to you(CL) + it(CL) + can(*1, sg*) say

→ 나는 너에게 그것을 말할 수 없다.

b. Era talmente buio che non ci si vedeva più.

was so dark that not there(CL) + one(CL) + see more

→ 그렇게 어두워서 거기에서 사람들은 더 이상 볼 수가 없었다.

(111)는 접어군이 형성되는 예이다. 단어 성질의 접어는 템플릿이 허락하는 한도 내에서 접어군을 형성한다. 이 템플릿에 대한 자세한 논의는 다음 절에서 보기로 하자.

지금까지 살펴본 단어 성질 접어의 특성을 정리하면, 이들은 명사구나 전치사구와 상보적 분포를 보이며, 어미 성질의 접어와는

---

the newspaper it(CL) + read(*1, sg*) the morning
'나는 신문 그것을 아침에 읽는다.'
b. <u>A teatro</u> non **ci** voglio andare.
to theater not there(CL) + want(*1, sg*) go
'극장에 나는 그곳에 가고 싶지 않다.'
(a)에서는 *lo*가 반복적으로 사용되고 있고, (b)에서는 *ci*가 반복적으로 사용되고 있다.

달리 접어와 숙주어 사이에 다른 접어가 삽입될 수 있다.

구 성질의 접어 *loro*는 원래 전치사구 *a loro*로 사용되던 것이 *a*가 생략되면서 숙주어로 동사를 요구하게 된 것으로 보인다. 이런 점에서 어미 성질의 접어와 단어 성질의 접어와는 다르다고 할 수 있다. 또한 이는 다른 접어들과의 결합이 가능하지 않다.

(112)의 예는 전치사구였던 *a loro*에서 전치사 *a*가 생략되었을 때 *loro*와 *a loro*의 차이는 없는 것으로 보인다.

> (112) a. Carlo scrive a loro una lettera.
>
>   Carlo writes to them a letter
>
>   → Carlo는 그들에게 편지를 쓴다.
>
>   b. Carlo scrive **loro** una lettera.
>
>   Carlo writes + them(CL) a letter
>
>   → Carlo는 그들에게 편지를 쓴다.
>
> (113) a. A loro scrive una lettera.
>
>   to them writes a letter   → 그들에게 편지를 쓴다.
>
>   b. ***Loro** scrive una lettera.
>
>   them(CL) + writes a letter

(112a)의 *a loro*가 (112b)에서는 *loro*로 나타났다. 다시 말하면 전치사 *a*가 (106b)에서는 생략되었다. 그러나 (112a)의 *a loro*는 동사의 오른편에 위치해 있다가 동사 왼편으로 이동이 가능하나(113a),

(112b)의 *loro*는 동사 왼편으로 이동이 가능하지 않다(113b). 즉 현대 이탈리아어에서 접어 *loro*는 항상 동사의 오른편에 나타난다.[29]

전치사구 *a loro*와 *loro*가 동일한 현상을 보이지 않는다. 전치사구 *a loro*일 때는 명사구가 삽입 가능하지만 *loro*일 때는 명사구가 삽입 가능하지 않다.

(114) a. Scrive una lettera a loro.

　　　 writes a letter to them　→ 그들에게 편지를 쓴다.

　　 b. *Scrive una lettera **loro**.

　　　 writes a letter + them(CL)

(114b)가 비문인 이유는 접어 *loro*가 숙주어로 동사를 필요하기 때문이다. *loro*와 숙주어 사이에 다른 요소가 삽입되면 비문이 된다.

접어 *loro*는 단어 성질의 접어와 달리 다른 접어와 클러스터를 형성할 수 없다.

(115) a. **Lo** consegnerò **loro** a cena.

　　　 it(CL) + will deliver(*1, sg*) + them(CL) at supper

　　　 → 저녁 시간에 그것을 그들에게 넘겨줄 것이다.

　　 b. *Consegnerò **loro lo** a cena.

---

29) 앞에서 후접어로 나타나는 예문을 기술한 바 있다.
La libertà di fantasia che **loro** appartiene. (= 52)
the freedom of fantasy that to them(CL) + belong(*3, sg*)
'그들에게 속하는 환상의 자유.'
Monachesi(1995 : 151)는 관계절에서 나타나는 이러한 현상은 고대 이탈리아어의 흔적으로 보고 있다.

will deliver(*1, sg*) + them(CL) + it(CL) at supper

c. *Lo loro** consegnerò a cena.

them(CL) + it(CL) + will deliver(*1, sg*) at supper

(115b)와 (115c)는 접어가 클러스터를 형성할 수 없다는 것을 보여주는 예이다. 그리고 (115c)가 비문인 또 다른 이유는 *loro*가 동사의 왼편에 나타났기 때문이다.

구 성질의 접어 *loro*는 어미 성질의 접어처럼 숙주어 사이에 어떤 요소도 삽입되지 않지만, 다른 점은 어미 성질의 접어는 정형 동사의 왼편에 위치하지만 구 성질의 접어는 동사의 오른편에 위치한다. 그리고 단어 성질의 접어는 접어 클러스터를 형성할 수 있지만 구 성질의 접어 *loro*는 접어 클러스터를 형성할 수 없다.

이 절 (2.3)의 앞에서 살펴본 것처럼 이탈리아어에서 접어는 동일한 현상을 보이지는 않는다. (56)을 다시 쓰면 아래와 같다.

(116)

a. 어미 성질의 접어: 내재 재귀사 접어, 능격 접어, 중간태 접어

b. 단어 성질의 접어: 직접 목적 접어, 간접 목적 접어, 재귀사 접어, 비인칭 주어 접어, 부분 대명사 접어, 장소 부사 접어

c. 구 성질의 접어: *loro*

어미 성질의 접어는 이와 바꾸어 쓸 수 있는 명사구나 전치사구 혹은 강형이 없는 그룹이다. 그리고 이 접어 부류는 어미 성질을 보이기 때문에 접어와 숙주어 사이에 어떤 요소도 삽입될 수 없다.

단어 성질의 접어는 명사구나 전치사구와 상보적 분포를 보이는
그룹이다. 이 접어 부류는 접어 클러스터를 형성할 수 있다. 그리
고 구 성질의 접어 *loro*는 독립성을 다른 접어보다 더 많이 보이며
항상 동사의 오른편에 나타나며 어미 성질의 접어처럼 어떤 요소
도 접어와 동사 사이에 끼어들 수 없다. 이 연구에서는 접어의 특
성이 동일하지 않으며 접어들을 특성에 따라서 세 부류로 나눌 수
있음을 보았다.

2.4 접어의 어순

접어는 다른 접어와 결합하여 접어군을 형성할 수 있는데 이때
에 순서상의 제약이 있다. 통사적인 어순, 즉 일반 단어들의 결합
순서를 지키지 않고 있다. 이 문제를 해결하기 위해서 Perlmutter(1971)
은 템플릿을 제안한다. 이 연구에서는 이탈리아어 접어 간의 순서
를 설명하기 위해서 일정한 템플릿을 설정해야 한다고 생각한다.

Simpson & Withgott(1986)과 Stump(1997)는 유형분류상 템플릿 형
태론과 다층 형태론을 구분해야 한다고 주장한다. Simpson & Withgott
(1986)는 계층 구조를 내포하는 형태론을 다층 형태론(layered
morphology)이라 부르고 이것을 템플릿 형태론(template morphology)
과 구분한다. 그들이 템플릿 형태론과 다층 형태론을 구분하기 위해서
제시한 기준을 보면 다음과 같다.

1. 영형태소(zero morpheme)가 템플릿 형태론에는 풍부하지만 다층 형태론에는 그렇지 않다.
2. 다층 형태론은 핵이 있는 구조를 만들어 내지만 템플릿 형태론은 그렇지 않다.
3. 다층 형태론은 어떤 인접 요소와의 결합 원리에 의해서 제약을 받지만 템플릿 형태론은 그렇지 않다.
4. 다층 형태론 바깥쪽의 형태소가 무엇이냐에 따라 안쪽의 형태소를 선택하도록 허용하지 않지만, 템플릿 형태론은 이러한 미리보기(lookahead)를 허락한다.

그들은 대명사적 클러스터는 평면 구조화된(flat – structured) 특성을 보이며 다층 형태론에서 보이는 어형성 제약을 따르지 않는다고 주장한다. 또한 다양한 언어의 접어 체계에서도 템플릿 특성이 보인다고 덧붙이고 있다.

다음은 이탈리아어의 예를 보자. 비인칭 접어 si와 재귀 접어 si는 둘 다 논항으로 해석되지만 문법적 기능과 일치 자질이 다르다.

(117) **Lo si** vede.

it(CL) + one(CL) + see(*3, sg*) → 사람들은 그것을 본다.

비인칭 *si* 구문에서는 직접 목적 접어가 앞에 나타난다.

(118) **Se lo** compra.

himself(CL) + it(CL) + buy(*3, sg*) → 그는 자신이 그것을 판다.

재귀 접어 *si* 구문에서는 직접 목적 접어가 뒤에 나타난다. (117)
과 (118)은 *lo*와 결합하는 *si*가 비인칭 접어냐 재귀 접어냐에 따라서
접어 간의 순서가 정해진다는 것을 보여준다.

장소를 나타내는 접어 *ci / vi*가 1, 2인칭 접어와 결합할 때는 뒤
에 나타나고 3인칭 접어와 결합할 때는 앞에 나타난다.

(119) a. **Mi ci** trovo bene.

mi(CL)(*1, sg*) + there / here(CL) + be(*1, sg*) fine

→ 나는 여기에서 잘 지낸다.

b. **Vi ci** trovate bene.

vi(CL)(*2, pl*) + there / here(CL) + be(*2, pl*) fine

→ 너희들은 여기에서 잘 지낸다.

(120) a. **Ce** l'ho fatto io. (l = lo)

there(CL) + it(CL)(*sg, m*) have(*1, sg*) made(*sg, m*) I

→ 거기에서 내가 그것을 했다.

b. **Ce le** avete fatte voi.

there(CL) + it(CL)(*pl, f*) have(*2, pl*) made(*pl, f*) I

→ 거기에서 너희들이 그것을 했다.

(119a)는 *mi ci*로 (119b)는 *vi ci*로 접어 간의 순서를 보이지만
(120a)는 *ce lo*로 (120b)는 *ce le*로 접어 간의 순서를 보이고 있다. 순
서가 바뀌면 비문이 된다.

(121) a. ***Ci mi** trovo bene.

there/here(CL) + mi(CL)(*1, sg*) + be(*1, sg*) fine

b. ***Lo ci** ho fatto io.

it(CL)(*sg, m*) + there(CL) + have(*1, sg*) made(*sg, m*) I

(119a)는 정문이지만 (121a)는 비문이고 (120a)는 정문이지만 (121b)는 비문이다. (121a)와 (121b)가 비문인 이유는 접어 간의 순서를 지키지 않았기 때문이다. 이와 같은 접어 간의 순서 제약을 설명하기 위해서 제안된 Lepschy(1989), Lepschy & Lepschy (1988) 과 Monachesi(1995)의 템플릿을 보자.

2.4.1 Lepschy(1989), Lepschy & Lepschy(1988)

Lepschy(1989)는 (122)의 11개 접어가 결합할 수 있는 쌍은 이론적으로는 121개(11×11)가 가능하지만 실질적으로는 58개의 쌍만이 가능하고 63개 쌍은 불가능하다고 말하고 있다. 아래 도표에서 기호 '+'는 결합 가능하다는 표시이고, '−'는 결합 가능하지 않다는 표시이다. '(+)'는 이론적으로는 가능하지만 받아들여지는 정도가 떨어지며, '((+))'는 받아들여지는 정도가 더 떨어짐을 나타낸다. 그리고 '[(+)]'는 두 명 중에 한 명 정도는 문어체로 판단하며 수동의 의미로 해석한다.

(122) 접어 클러스터 (Lepschy 1989)

	ci	gli	la	le	li	lo	mi	ne	si	ti	vi	
ci	−	−	+	+	+	+	−	+	+	−	−	6
gli	+	−	+	+	+	+	((+))	+	+	(+)	(+)	10
la	−	−	−	−	−	−	−	−	+	−	−	1
le	+	−	−	−	−	−	((+))	−	+	(+)	(+)	5
li	−	−	−	−	−	−	−	−	+	−	−	1
lo	−	−	−	−	−	−	−	−	+	−	−	1
mi	+	(+)	+	+	+	+	−	+	+	(+)	+	10
ne	−	−	[(+)]	[(+)]	[(+)]	[(+)]	−	−	−	−	−	4
si	−	−	+	+	+	+	−	+	−	−	−	5
ti	+	−	+	+	+	+	−	+	+	−	−	7
vi	+	−	+	+	+	+	−	+	+	+	−	8
	5	1	7	7	7	7	2	6	9	4	3	

Lepschy & Lepschy(1988)는 (123)과 같은 접어 클러스터를 제시한다. 그들이 제시한 가능한 접어의 조합은 아래와 같다.

(123) 이탈리아어의 가능한 접어의 조합(Lepschy & Lepschy 1988)

ce la	gli ci	la si	me la	ne la	se la	te la	ve la
ce le	gli si	le ci	me le	ne le	se le	te le	ve le
ce lo	gli mi	le mi	me li	ne lo	se lo	te lo	ve lo
ce li	gli ti	le si	me lo	ne li	se li	te li	ve li
ce ne	gli vi	le ti	me ne		se ne	te ne	ve ne
ci si	gliela	le vi	mi ci			ti ci	vi ci
	gliele	li si	mi gli			ti si	vi si
	glielo		mi si				vi ti
	glieli		mi ti				
	gliene		mi vi				

(124) 접어 클러스터 템플릿(Lepschy & Lepschy 1988)

1	2	3	4	5	6	7	8	9
mi	gli le (dative)	vi	ti	ci	si (reflexive)	lo la li le (accusative)	si (impersonal)	ne

템플릿 (124)와 관련하여 그들이 제안한 제약을 보면 아래와 같다.

1. 1+7의 결합 (*me le presentano*)는 ('그들은 나에게 그들을 소개 시켜 준다.')라는 의미뿐 '그들은 나를 그녀에게 소개 시켜주 다.'라는 의미로는 해석이 불가능하다.

2. 7+9의 결합은 불가능하다. 단지 9+7의 결합만이 가능하다 (*ne lo liberava* ➝ 그는 그것으로부터 그를 자유롭게 했었다).

3. 동일 형태의 접어결합은 불가능하다(*vi vi ha mandato* ➝ 그는 그들을 그곳에 보냈다).

4. 동일한 격이 나란히 나오는 것은 불가능하다. 그러나 여격은 다른 술어에 의해서 지배를 받을 때 가능하다(*tua madre mi gli fece scrivere la letteradi dimissioni* ➝ 너의 어머니가 내가 그에게 사임장 을 쓰도록 시켰다).[30]

5. 접어의 결합에서 한 지시체(referent)가 다른 지시체에 포함되 는 것을 피한다(*vi ti affido* ➝ 나는 너희들에게 너를 맡긴다).

6. 여격 · 대격 · 재귀 · 비재귀 접어가 동일한 형태일 때 재귀 접 어는 대격으로 해석된다. 여격으로 해석되지는 않는다(*ci si avvicina* ➝ 그는 그 자신을/자신이 우리에게 접근한다).

---

30) 위에서 *mi*는 대격을 받고 *gli*는 여격을 받는다.

2.4.2 Monachesi(1995)

Monachesi도 통사적인 어순으로 접어 간의 순서를 설명할 수 없다고 주장하고 접어 간의 순서를 형태론에서 설명해야 되며 템플릿에 의해서 설명될 수 있다고 한다. 그녀는 Italian Reference Corpus[31]에 근거하여 가능한 군집의 수를 44개로 본다. 그녀가 제시한 '가능한 접어의 조합'과 '접어 군집 템플릿'을 보면 아래와 같다.

(125) 이탈리아어의 가능한 접어의 조합(Monachesi 1995)

ce la	gliela	la si	me la	se la	te la	ve la
ce le	gliele	le si	me le	se le	te le	ve le
ce li	glielo	li si	me li	se li	te lo	ve lo
ce lo	glieli	lo si	me lo	se lo	te li	ve li
ce ne	gliene	le ci	me ne	se ne	te ne	ve ne
ci si	gli ci		mi ci		ti ci	vi ci
	gli si		mi si		ti si	vi si

(126) 접어 클러스터 템플릿(Monachesi 1995)

1	2	3	4	5	6
mi ti gli le ci vi	ci	si (reflexive)	lo la li le (accusative)	si (impersonal)	ne

---

31) Italian Reference Corpus는 Pisa에 있는 Institute for Computational Linguistics에서 1985 – 1989년에 신문, 소설, 잡지, 교과서 과학 문헌과 학술적인 연구에서 추출하여 만든 1300만 단어의 말뭉치이다. Monachesi(1995)에 의하면 접어쌍은 대략 14,000개로 나타나며 이들 중 3개의 접어가 결합한 쌍은 6개이고 나머지는 2개의 접어가 결합한 쌍이라고 기술하고 있다.

그녀가 사용한 말뭉치에서 나온 예문은 이 템플릿 순서를 잘 따르고 있으며 같은 슬롯 안의 요소가 결합하는 예도 없다. 그렇지만 우리가 설명해야 되는 부분은 Lepschy(1989)와 Monachesi(1995)의 템플릿이 서로 다르다는 점이다.

2.4.3 새로운 템플릿

Monachesi(1995)의 템플릿은 Lepschy(1989)가 제시한 아래와 같은 예문들을 설명할 수 없다.

(127) a. **Mi ti** presentano.

me(CL) + you(CL) + present(*3, pl*)

→ 그들은 나를 너에게 / 너를 나에게 소개시킨다.

b. **Mi vi** presentano.

me(CL) + you(CL) + present(*3, pl*)

→ 그들은 나를 너에게 / 나에게 너를 소개한다.

c. **?Gli vi** presentano.

to them/him(CL) + you(CL) + present(*3, pl*)

→ 그들은 너희들을 그들에게 / 그에게 소개한다.

위의 예문들은 이탈리아 사람들이 정문으로 받아들이고 있는 문장이다. 그럼에도 불구하고 Monachesi(1995)에는 이런 예문들이 나타나고 있지 않으며 그녀가 제안한 템플릿으로 이를 해결할 방안

이 없다.

Lepschy(1989)가 제시한 접어 클러스터와 예문들을 바탕으로 다음과 같은 템플릿을 제안한다.[32]

(128)

1	2	3	4	5
{mi, ti, gli, le, ci, vi}	si (reflexive)	lo la li le (accusative)	si (impersonal)	ne

슬롯 2에서 5까지의 접어들이 결합할 수 있는 방식은 이전에 제시된 템플릿에서와 마찬가지이다. 같은 슬롯 안에 있는 것은 서로 결합할 수 없으며 이웃 슬롯에 들어 있는 것들과 순서대로 결합할 수 있다. 그러나 슬롯에 있는 접어들의 결합 방식은 다음의 제약에 따른다.

(129) 슬롯 1에 있는 접어들의 결합 제약

a. 여섯 개의 접어 중 두 개의 서로 다른 접어 X와 Y는 결합하여 접어군을 형성할 수 있다.

b. XY와의 결합 순서는 다음의 두 가지로 규정된다.

　i) XY와 YX 두 가지 순서가 모두 가능한 쌍은 le mi, le ti, vi ti, migli, le ci, vi le이다.

　ii) 나머지의 가능한 결합 XY는 다음의 제약에 따라 순서가

규정된다.

$$\begin{Bmatrix} \text{gli} \\ \text{mi} \end{Bmatrix} > \begin{Bmatrix} \text{lei} \\ \text{vi} \\ \text{ti} \end{Bmatrix} > \text{ci}$$

여섯 개의 접어 중 서로 다른 접어와 결합할 수 있는 쌍은 총 30개이다. 이 중에서 XY와 YX가 가능한 쌍은 6개, 즉 총 12개이다. 나머지 18개는 (129 ii)의 제약에 따라서 순서가 정해진다. (129)의 제약에 따라 슬롯 1의 6개의 접어가 실제로 결합할 수 있는 종류를 도표로 나타내면 (130)과 같다.

(130)

mi	mi
ti	ti
gli	gli
le	le
ci	ci
vi	vi

(130)에서 '→'는 접어의 클러스터를 형성할 때 시작점이 왼쪽에 오고 끝나는 점이 오른쪽에 오는 순서쌍(ordered pair)이다. 예를 들면 mi→ti는 *mi ti*로 나타난다. 반면에 '←·····→'는 무순서쌍(unordered pair)을 나타낸다. 그래서 mi←·····→gli는 *mi gli* 또는 *gli mi*가 모두 가능함을 나타낸다.

(128)의 템플릿과 (129)의 제약으로 Lepschy(1989)에서 제시한 예문들을 설명할 수 있다[33].

---

33) Lepschy(1989)가 사용한 기호 (+)는 (?), ((+))는 '?'로 그리고 [(+)]는 '??'로 표기하였다.

(131) gli mi

    a. ?**Gli mi** presentano.

       to them / him(CL) + me(CL) + present(*3, pl*)

       ➙ 그들은 나를 그들에게 / 그에게 소개한다.

    b. ?**Gli mi** presento.

       to them / him(CL) + myself(CL) + present(*1, sg*)

       ➙ 나는 나 자신을 그들에게 / 그에게 소개한다.

(132) gli ti

    a. (?)**Gli ti** presentano.

       to them / him(CL) + you(CL) + present(*3, pl*)

       ➙ 그들은 너를 그들에게 / 그에게 소개한다.

    b. (?)**Gli ti** presenti.

       to them / him(CL) + yourself(CL) + present(*2, sg*)

       ➙ 너는 너 자신을 그들에게 / 그에게 소개한다.

(133) gli vi

    a. (?)**Gli vi** presentano.

       to them / him(CL) + you(CL) + present(*3, pl*)

       ➙ 그들은 너희들을 그들에게 / 그에게 소개한다.

    b. (?)**Gli vi** presentate.

       to them / him(CL) + yourself(CL) + present(*2, pl*)

       ➙ 너희들은 너희들 자신을 그들에게 / 그에게 소개한다.

    c. (?)**Gli vi** scrivono

       to them / him(CL) + there(CL) + write(*3, pl*)

(134) le mi

    a. ?**Le mi** affidano.

       to her(CL) + me(CL) + deposit(*3, pl*)

       → 그들은 나를 그녀에게 맡긴다.

    b. ?**Le mi** rivolgo.

       to her(CL) + myself(CL) + go(*1, sg*) toward

       → 나는 나 자신이 그녀에게 향해 간다.

(135) le ti

    a. (?)**Le ti** presentano.

       to her(CL) + you(CL) + present(*3, pl*)

       → 그들은 너를 그녀에게 소개한다.

    b. (?)**Le ti** presenti.

       to her(CL) + yourself(CL) + present(*2, sg*)

       → 너는 너 자신을 그녀에게 소개한다.

(136) le vi

    a. (?)**Le vi** presentano.

       to her(CL) + you(CL) + present(*3, pl*)

       → 그들은 너희들을 그녀에게 소개한다.

    b. (?)**Le vi** presentate.

       to her(CL) + yourself(CL) + present(*2, pl*)

       → 너희들은 너희들 자신을 그녀에게 소개한다.

c. (?)**Le vi** scrivono.

to her(CL) + there(CL) + write(*3, pl*)

→ 그들은 거기서 그녀에게 편지를 쓴다.

(137) mi ti

a. **Mi ti** presentano.

me(CL) + you(CL) + present(*3, pl*)

→ 그들은 나를 너에게 / 너를 나에게 소개시킨다.

b. **Mi ti** presento.

myself(CL) + to you(CL) + present(*1, sg*)

→ 나는 나 자신을 너에게 소개한다.

c. **Mi ti** presenti.

to me(CL) + yourself(CL) + present(*2, sg*)

→ 너는 너 자신을 나에게 소개한다.

(138) mi vi

a. **Mi vi** presentano.

me(CL) + you(CL) + present(*3, pl*)

→ 그들은 나를 너에게 / 나에게 너를 소개한다.

b. **Mi vi** presento.

myself(CL) + to you(CL) + present(*1, sg*)

→ 나는 나 자신을 너희들에게 소개한다.

c. **Mi vi** presentate.

to me(CL) + yourselves(CL) + present(*2, pl*)

→ 너희들은 너희들 자신을 나에게 소개한다.

(139) ne la

??**Ne la** tolgono.

from there(CL) + it(CL) + cut(*3, pl*)

→ 거기로부터 그것을 없앤다.

(140) ne le

??**Ne le** tolgono.

from there(CL) + it(CL) + cut(*3, pl*)

→ 거기로부터 그것들을 없앤다.

(141) ne lo

??**Ne lo** tolgono.

from there(CL) + it(CL) + cut(*3, pl*)

→ 거기로부터 그것을 없앤다.

(142) ne li

??**Ne li** tolgono.

from there(CL) + it(CL) + cut(*3, pl*)

→ 거기로부터 그것들을 없앤다.

(143) vi ti

a. **Vi ti** mettono.

there(CL) + you(CL) + put(*3, pl*)

→ 그들은 그곳에 너를 놓는다.

b. **Vi ti** scrivono.

there(CL) + to you(CL) + write(*3, pl*)

→ 그들은 그곳에서 너에게 편지를 쓴다.

c. **Vi ti** spedisci una lettera.

there(CL) + to yourself(CL) + send(*2, sg*) a letter

➤ 너는 너 자신에게 그곳에서 편지를 보낸다.

위에서 나타나는 결합쌍은 Lepschy(1989)도 언급했듯이 받아들여 지는 정도가 다소 떨어지는 것도 있지만 문법적이다. 받아들여지는 정도가 다소 떨어진다고 언급했던 데이터들은 Monachesi(1995)에서 는 언급되고 있지 않다. 또한 이탈리아어 모국어 화자들이 정문이 라고 받아들이는 자료들 중에서도 전혀 언급되지 않은 것도 있다. 그러나 이 연구에서는 (128)의 템플릿과 (129)의 슬롯 1에 대한 제 약으로 Lepschy(1989)와 Monachesi(1995)의 데이터들을 모두 설명할 수 있는 장점이 있다.

2.5 결 론

이 장에서는 우선 단어, 접어, 어미의 특징을 구분해 보았다. 이 러한 구분을 바탕으로 이탈리아어에 나타나는 접어 9가지의 특징 들을 살펴보았다. 이 장에서 분석되었던 결과에 의해서 접어를 세 가지, 즉 어미 성질의 접어(중간태 접어, 내재 재귀사 접어, 능격 접어), 단어 성질의 접어(비인칭 접어, 직접 목적 접어, 간접 목적 접어, 부분 접어, 재귀 접어, 장소 접어, 부분 대명사 접어) 그리고 구 성질의 접어(*loro*)로 구분하였다. 이렇게 접어를 특성에 따라 세 부류로 분류함으로써 3장에서 이론적으로 분석할 수 있는 틀을 마련한 것이 이 장의 의의라 할 수 있다.

Lepschy(1989), Lepschy & Lepschy(1988) 그리고 Monachesi(1995)에서 제안했던 접어 클러스터 템플릿을 각각 보았다. Lepschy(1989)에서 나타나는 예문들이 Monachesi(1995)에서는 일부가 나타나지 않으며 이 예문들을 Monachesi(1995)의 템플릿으로 설명할 수 없다. 이 연구에서는 슬롯이 총 다섯 개인 템플릿을 제안했으며 슬롯 1에 제약을 두어 Lepschy(1989)와 Monachesi(1995)의 예문들을 모두 설명할 수 있게 되었다.

접어 현상의 HPSG 분석

3.1 이론적 배경

이 연구에서 접어와 일치 현상을 설명하기 위해서 사용하는 이론적인 틀은 핵어중심 구구조문법(Head – driven Phrase Structure Grammar)이다.[34] 이 이론을 선택한 이유는 표면 구조만으로 음운 · 통사 · 형태에 대한 제반 현상을 설명하고 있기 때문이다. 이 HPSG는 제약기반이론(constraint – based theory), 자질기반이론(feature – based theory)과 통합기반이론(unification – based theory)을 사용하는 문법이다. 통합기반이론은 문법기술에서 하나의 항목과 다른 항목 간의 통사 · 의미 · 형태의 결합을 정확성을 반영하고 있다. 통사 · 의미 · 형태의 모든 규칙과 원리가 동등하며, 어떤 것도 우위를 가지지 못한다. 이 HPSG 이론은 파생(derivation)을 사용하지 않

---

34) 이하 HPSG라 칭하겠다.

는 단층위(monostratum)의 일반화 구구조문법(Generalized Phrase Structure Grammar), 범주문법(Categorial Grammar)과 어휘기능문법 (Lexical-Functional Grammar)과 같은 문법과 상황의미론(Situation Semantics) 그리고 컴퓨터과학(데이터유형이론, 지식표상, 통합기반 형식주의) 등에서 적용하고 있는 아이디어를 종합하려는 시도를 해 왔다. 이 문법이 사용하고 있는 모든 표상(예를 들면 어휘 내항, 규칙 그리고 보편 원리 등)은 자질 구조를 사용해서 부분적인 정보를 기술하고 있다. 정보는 부분적이지만 대상(object)은 전체적인 정보를 갖게 된다.

HPSG는 자질이 다양한 복합값(complex value)을 가진다. 많은 자질들은 값으로 많은 다른 자질들, 즉 자질 구조를 가진다. 그리고 HPSG에서 기호학적인 정보는 기호와 그 구성요소(component)에 체계화되어 있다. 기호는 속성값 행렬(AVM: attribute-value matrix)로 기술될 수 있는 유형화된 자질 구조로 모형이 만들어진다. AVM은 속성과 값의 쌍의 집합이다. 유형화된 자질 체계에서 유형은 승계 계층(inheritance hierarchy)에 선언되며, 자질들이 적절하게 각각의 유형에 대해서 명시된다. 유형은 어떤 종류의 대상이 기술되고 있는지를 지시해 주며 풍부한 어휘 표상(representation)을 허락한다.

3.1.1 HPSG의 보편 원리

이 연구에서는 일반적인 이론에 대한 소개는 하지 않겠다. 다만 이 섹션에서 다루고자 하는 것은 이 연구를 읽기 위해서 필요한 아주 기본적인 개념에 대해서 몇 가지만 다루고자 한다.

HPSG에서 중요한 원리 중에 하나는 HEAD FEATURE PRINCIPLE 이다.

(144) 맏딸(head – daughter)의 핵값은 어머니의 핵값과 같다.

(144)의 원리는 핵값(head value)의 삼투(percolation)를 기본적으로 제한하면서 핵이 있는 구(headed phrase)가 맏딸(head daughter)의 투사(projection)라는 것을 보장해 준다. 이 원리에 따라서 *mangiare* '먹다'와 같은 동사는 다음과 같은 구조를 가진다.

(145)

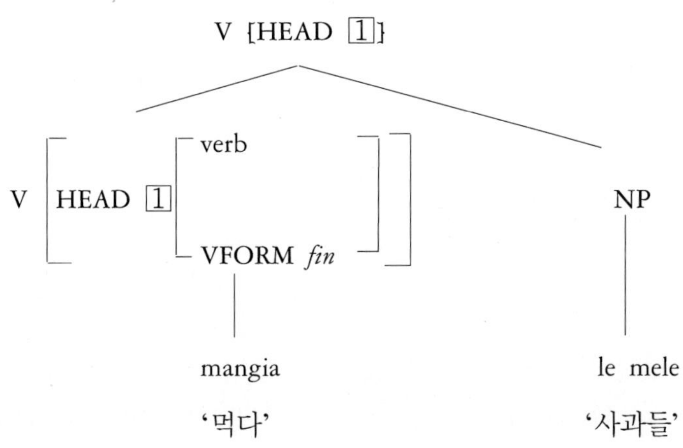

핵어가 있는 구의 핵값이 1로 tag되어 있는 자신의 맏딸의 값 과 구조 공유된다. 이와 같은 방식으로 모든 구의 HEAD 값은 어 휘 핵의 자질과 동일한 핵값을 가진다.

그리고 문 요소들의 결합은 VALENCE PRINCIPLE에 의해서 정해진다.

(146) 핵이 있는 구에서 각각의 자질값은 맏딸의 F(COMPS, SUBJ, or SPR) 값이 F – DTRS 값의 SYNSEM 값을 가진 구 F 값의 연쇄이다.

(146)은 어휘 핵어가 요구하는 값이 충족되었을 때 SUBJ(주어), COMPS(보충어) 또는 SPR(지정어)과 같은 값을 제거하는 원리이다. 구조 공유는 각각의 보충어 딸과 관련된 정보가 핵어에 있는 하위 범주화 명시와 통합된다.

위에서 언급한 HEAD FEATURE PRINCIPLE과 VALENCE PRINCIPLE이 어떻게 작용하는지 대략적으로 보면 아래와 같다.

(147)

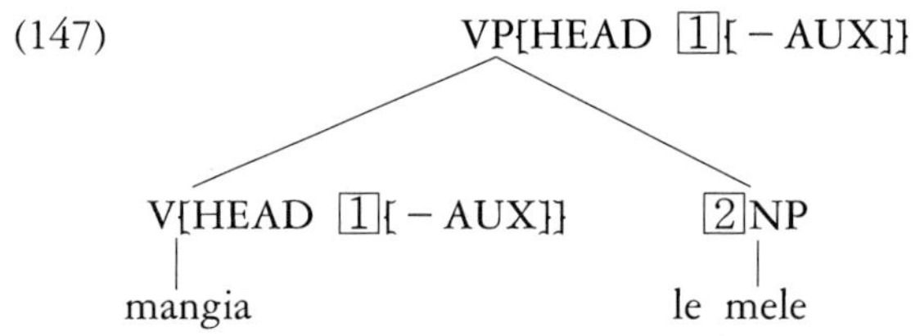

HEAD FEATURE PRINCIPLE와 일치하여 맏딸의 HEAD 정보는 자신의 맏딸에 투사된다. 맏딸의 COMPS 값 구조는 하나의 명사구 보충어를 선택한다는 것을 명시해 주고 있다. 핵어가 있는 구에서 COMPS 항목은 VALENCE PRINCIPLE에 의해서 제거된다.

항가를 줄이기 위한 구구조 골격(phrase structure skeleton)은 다

양한 직접 지배 도형(Immediate Dominance Schemata)에 의해서 지원받는다. 다양한 기호의 유형을 지시하기 위해서 규약을 소개하면 다음과 같다.

(148) a. $X^o = word$

    where $word \Rightarrow$ [LEX +]

  b. XP = *phrase*

    where *phrase* $\Rightarrow$ [COMPS < >]

  c. X' = *phrase* $\wedge$ [SPR <X">]

  d. X" = *phrase* $\wedge$ [SPR < >]

위의 규약들을 X-bar 표기로 직접 지배 도형을 표시하면 아래와 같다.

(149) a. HEAD-SUBJECT SCHEMA:

    X"[SUBJ < >] → Y", X"[SUBJ <1>]

    where 1 Y" is a *subj-daughter* and X"[SUBJ <1>]

    is a *head-daughter*.

  b. HEAD-COMPLEMENT SCHEMA:

    XP → 1Y", X^o [COMPS 1]

    where 1Y" is a list of *comp-daughters* and X^o is a *head-daughter*.

(149a)의 HEAD-SUBJECT SCHEMA는 구 맏딸과 주어 딸로 구

성돼 있는 구를 허락한다. 아래와 같이 수형도(tree diagram)로 나타
낼 수 있다.

(150)

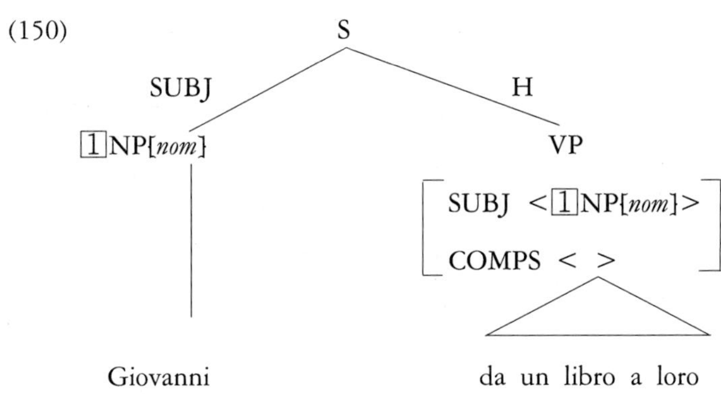

'Giovanni는 그들에게 책을 준다.'

맏딸의 COMPS 값은 충족되어서 비어 있다.COMPS 값이 비어
있는 맏딸이 자신의 주어와 결합한다. 이렇게 해서 (149a)의 도식과
일치하여 적격의 구가 된다.

(149b)의 HEAD – COMPLEMENT SCHEMA에서 어휘 맏딸은 적
어도 하나 또는 그 이상의 보충어를 요구한다. 아래와 같이 수형도
로 나타낼 수 있다.

(151)

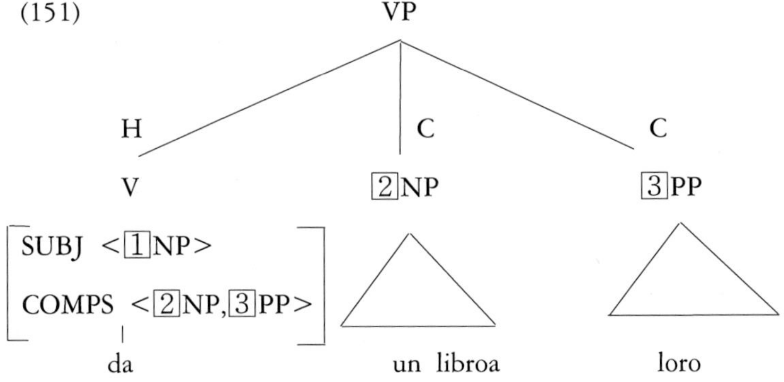

어휘 핵은 두 개의 보충어를 요구하고 있고 그 보충어들과 결합
을 한다. (149b)의 도식은 적격의 핵 – 보충어 구를 형성해 준다.

지금까지 설명한 보편 원리(HEAD FEATURE PRINCIPLE, VALENCE
PRINCIPLE)와 두 개의 도식들과 어떻게 상호작용하는지 수형도로 나타
내면 다음 (152)와 같다.

(152)

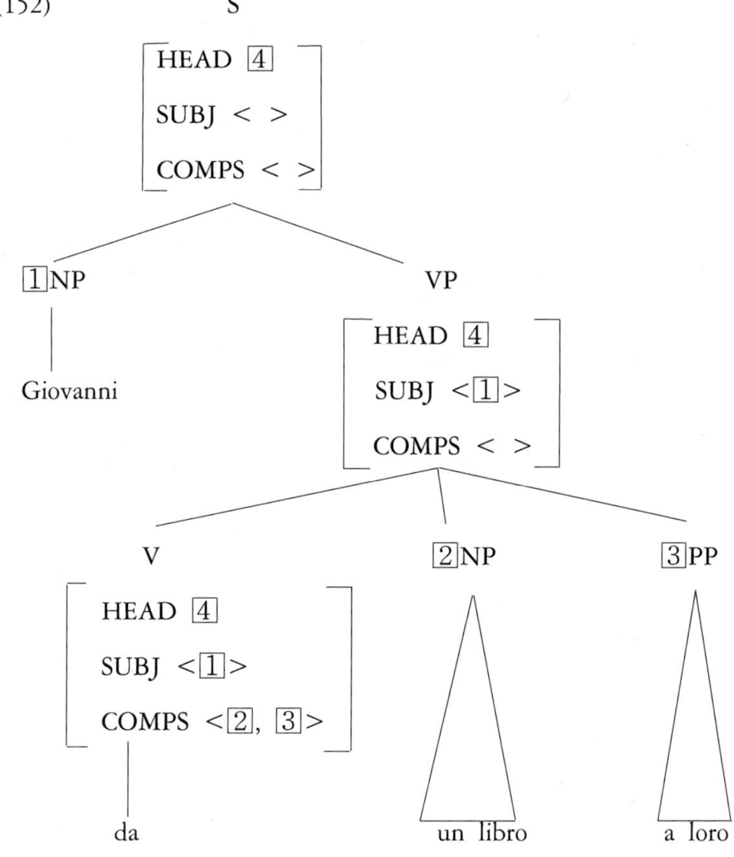

HEAD FEATURE PRINCIPLE은 맏딸의 핵 정보가 구에 투사되도록 허용한다. 이렇게 해서 *da* 어휘 핵의 핵값은 동사구와 주어의 핵값과 같다. VALENCE PRINCIPLE에 따라서 핵의 값 정보가 최대 투사가 포함하는 요소들을 제한한다. 핵 *da*의 값 명세는 보충어 명사구와 전치사구 그리고 주어를 요구한다. 이 두 보충어가 충족되었을 때 동사구의 COMPS 값은 비게 된다. 어휘 핵과 두 보충어의 결합은 HEAD – COMPLEMENT SCHEMA를 따르게 된다. 그리

고 동사구는 HEAD-SUBJECT SCHEMA를 통해서 주어인 명사구
와 결합될 때 완전히 포화(saturation)된다. 각각의 구조는 보편문법
의 원리와 직접 지배 도식을 따른다.

3.1.2 어휘부와 어휘 규칙

　HPSG에서 어휘부는 기호나 구와 같은 모든 언어학적인 대상체
(object)가 자질 구조에 의해서 표상될 뿐만 아니라 단어도 음운·
통사·형태·의미 정보도 자질 구조에 의해서 표상된다. 예를 들
면 아래와 같다.

(153) a. dab. libro

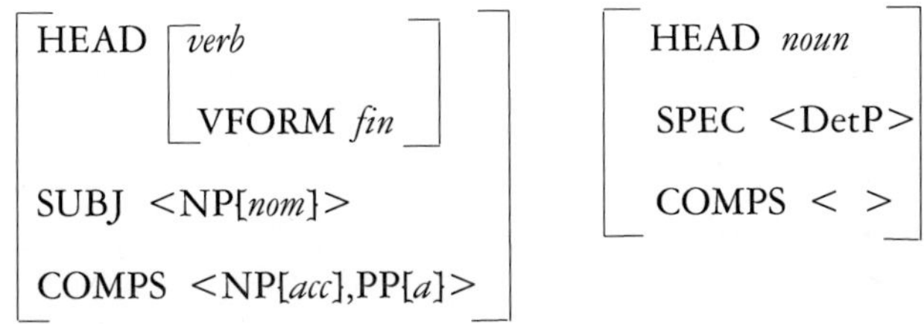

　HPSG에서는 일반적인 자질과 예외적인 자질을 포착하기 위해서
유형 계층과 어휘 규칙을 사용한다. 유형 계층은 어휘 정보의 구성
을 허락한다. 이들을 구성하는 자질들은 인수 분해하듯이 나누어질
수 있다. 예를 들어서 동사 *da*를 보면 아래와 같다.

(154) [SYNSEM | LOC | CAT | LEX +]

위의 정보는 모든 단어가 고유하는 정보이다. 반면에 아래 (119)는 모든 동사가 갖는 정보이다.

(155) [SYNSEM | LOC | CAT | HEAD *verb*]

게다가 모든 본동사는 아래와 같은 정보를 포함할 수 있다.

(156) [SYNSEM | LOC | CAT | HEAD [AUX −]]

그러나 정형 동사는 아래와 같은 명세를 구조 공유한다.

(157) [SYNSEM | LOC | CAT | HEAD [VFORM *fin*]]

동사 *da*는 주어로서 명사구를, 보충어로서 명사구와 전치사구를 취한다.

$$(158) \left[\text{SYNSEM} \mid \text{LOC} \mid \text{CAT} \begin{bmatrix} \text{HEAD } [\text{VFORM } \textit{fin}] \\ \text{SUBJ } \langle \text{NP}[\textit{nom}] \rangle \\ \text{COMPS } \langle \text{NP}[\textit{acc}], \text{ PP}[\textit{a}] \rangle \end{bmatrix} \right]$$

3인칭 단수인 *da*는 PHON 값으로 *da*를 CONT 값으로 주는 관계(give − rel)를 갖는다.

(159)

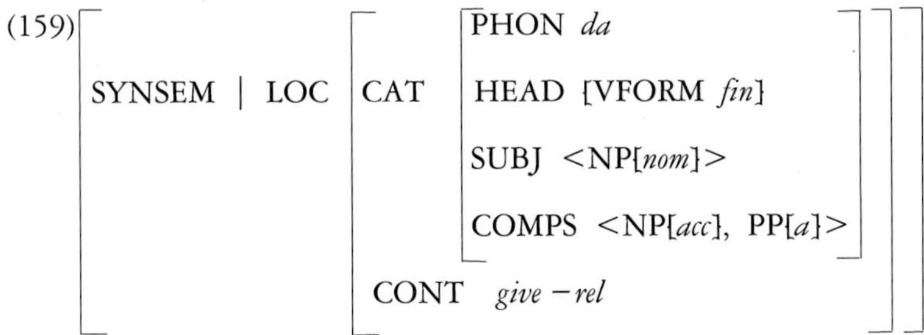

이와 같은 방식으로 *da*에 대한 정보가 명세될 수 있다. 위에서 명세된 정보는 음운론, 역 할당(role assignment)과 의미 관계를 표시할 수 있다.

HPSG에서는 어휘 항목에 대한 일반화를 시키기 위해서 어휘부에 어휘 규칙을 포함시킨다. 어휘 규칙은 체계적으로 기본적인 어휘 항목의 집합을 확대시킴으로써 어휘부의 어휘 항목의 개수를 줄인다. 이러한 어휘 규칙들 중에서 수동태 어휘 규칙을 보자.

(160)

$$
\begin{bmatrix} trans-verb \\ \text{PHON} \;\; \boxed{1} \\ \text{SUBJ} \; \langle NP_i \rangle \\ \text{COMPS} \; \langle \boxed{2}, \ldots \rangle \end{bmatrix}
\Rightarrow
\begin{bmatrix} passive-verb \\ \text{PHON} \;\; F_{pass}(\boxed{1}) \\ \text{SUBJ} \; \langle \boxed{2} \rangle \\ \text{COMPS} \; \langle \cdots\cdots, (PP[da]_i) \rangle \end{bmatrix}
$$

이 어휘 규칙은 타동사를 입력해서 결과로 수동 동사로 만들며, 목적어를 자신의 주어로 만들며 타동사의 주어를 사격 논항으로 만든다.

(161) a. Giovanni dà il libro.

    Giovanni gives the book → Giovanni는 그 책을 준다.

   b. Il libro è dato da Giovanni.

    the book is given by Giovanni

    → 그 책이 Giovanni에 의해서 주어진다.

수동태 어휘 규칙을 통해서 (161a)가 (161b)로 이루어졌다. (161a)
의 dà(원형 *dare*)를 (160)의 수동태 어휘 규칙에 의해서 수동 형태
*dato*로 만들면 아래와 같다.

$$
(162)\quad
\begin{bmatrix}
trans-verb \\
\text{PHON } dare \\
\text{SUBJ } <NP_i> \\
\text{COMPS } <\boxed{2}NP>
\end{bmatrix}
\Rightarrow
\begin{bmatrix}
passive-verb \\
\text{PHON } dato \\
\text{SUBJ } <\boxed{2}> \\
\text{COMPS } <PP[da]_i>
\end{bmatrix}
$$

어휘 표상은 일반적인 구절과 파생과 같은 현상을 포착하기 위
한 일반화에 대한 기저(basis)를 제공할 뿐만 아니라 전통적으로 영
역 밖이라고 여겨졌던 수동태나 통제 구문을 설명할 수 있는 기저
를 제공하기도 한다(Pollard & Sag 1987).

다음은 이 연구에서 주요하게 다루게 될 보충어 접어화 어휘 규
칙과 논항 배치 어휘규칙을 보기로 하겠다. 먼저 논항 규칙을 보기
로 하자.

직접 목적 접어는 완전한 명사구와 상보적 분포를 보이고 있다.

(163) a. Giovanni legge il libro.

Giovanni reads the book → Giovanni는 책을 읽는다.

b. Giovanni **lo** legge.

Giovanni it(CL) + reads → Giovanni는 그것을 읽는다.

(164) *Giovanni **lo** legge il libro.

Giovanni it(CL) + reads the book

이와 같은 상보적 분포를 설명하기 위해서 Monachesi(1993a, b)는 다음과 같은 이탈리아어 보충어 접어화를 위한 어휘 규칙을 제안한다.

(165) Italian Complement Cliticization Lexical Rule

$$
\begin{bmatrix}
\text{HEAD verb} \\
\text{COMPS } < ..., \boxed{1}, ...> \\
\text{CLTS } W
\end{bmatrix}
\Rightarrow
\begin{bmatrix}
\text{COMPS } < \cdots\cdots > \\
\text{CLTS } W \cup \{\boxed{1}\}
\end{bmatrix}
$$

이 규칙은 보충어를 하위 범주화하는 동사의 형태에 적용된다. 그 결과 동사의 COMPS 항목에서 보충어를 하나 제거함과 동시에 CLTS의 값이라는 정보를 더해 준다. 부수적인 효과는 구조 공유를 통해서 접어에 상응하는 ARG – ST에 있는 요소가 접어와 관련된 정보를 기록한다. (163a)의 *legge*가 (163b)의 *lo legge*가 된 것은 이 규칙을 따른 것이다.

이 규칙은 접어화를 설명하기 위해서 중요한 의미를 지닌다. 이 연구의 2장에서 접어를 크게 어미의 성질을 가진 접어, 단어의 성질을 가진 접어 그리고 구의 성질을 가진 접어로 나누었다. 이들 접어는 위와 같은 접어화 어휘 규칙을 통해서 접어화가 이루어신다고 본다.

이와 같은 어휘화 규칙은 어휘부에서 일어날 수 있는 잉여성을 승계 구조에 의해서 줄이는 역할을 한다. 이 장에서는 보충어 어휘 규칙과 논항 어휘 규칙을 사용해서 접어를 분석하기로 하겠다.

3.2 접어의 문법적 표상

앞장에서 접어를 속성별로 셋으로 나누었다. 어미 성질의 접어는 어미의 속성을 가지고 있고, 단어 성질의 접어는 단어의 속성을 가지고 있으며, 구 성질의 접어의 *loro*는 단어의 속성을 가지고 있지만 단어 성질의 접어와는 달리 전접어로 나타나는 속성을 가지고 있다.

이 연구에서는 어휘부(lexicon)의 유형이 다중 승계 계층(multiple inheritance hierarchy)으로 조직되어 있다고 가정한다. 계층의 상위(top)를 대략적으로 아래와 같이 나타낼 수 있다.

(166)

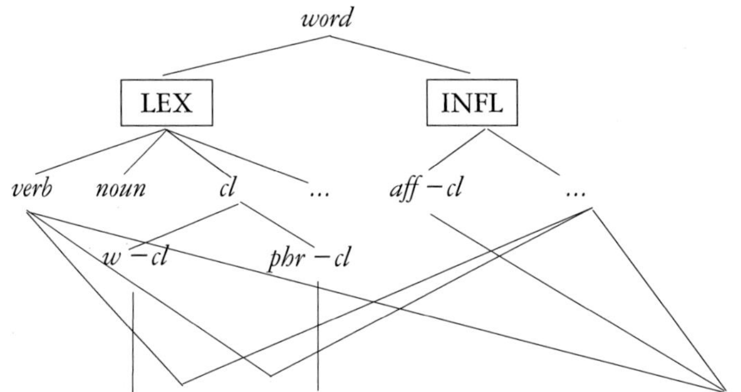

각각의 단어는 어휘(LEX)와 굴절(INFL)로 양립된다. 계층의 LEX
는 범주, 하위 범주 요구 등으로 단어의 하위 분류화(subclassification)
를 포함하고 있다. LEX에 접어가 하위 유형(subsort)에 포함되고 있
다고 가정한다. 이 접어는 또한 단어 성질의 접어(*w−cl*)들과 구 성
질의 접어(*phr−cl*)를 하위 유형으로 갖는다. 계층의 INFL은 동사,
명사, 형용사, 어미 성질의 접어(*aff−cl*) 등의 굴절을 결정한다. 접
어화가 일어나지 않은 일반 동사는 LEX의 하위 유형인 *verb*와
INFL만이 결합한다. 다음은 *lavare* '씻다' 동사의 어휘 정보이다.

(167)
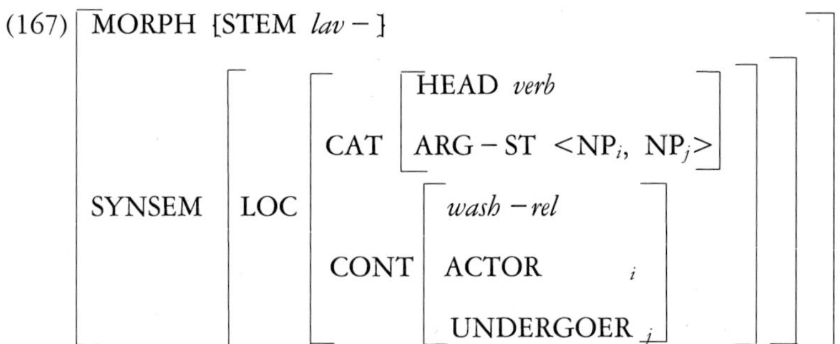

위에서 주어 논항의 일치 자질에 부과되는 제약에 의해서 통합
되며, STEM 값은 사소(lexeme)로부터 승계되며, PHON에 명시된
다. FORM 값은 단어의 PHON 값에 의해서 확인된다.

재귀 접어화된 *lavo* '씻는다'의 어휘 정보는 아래와 같다.

$$
(168) \begin{bmatrix} \text{CAT} & \begin{bmatrix} \text{HEAD } \textit{verb} \\ \text{SUBJ}<\boxed{1}\text{NP}_i> \\ \text{COMPS}<\boxed{2}\text{NP}_i> \\ \text{ARG}-\text{ST } <\boxed{1}, \boxed{2}> \end{bmatrix} \end{bmatrix}
$$

*io mi lavo*의 수형도를 나타내면 아래와 같다.

(169)

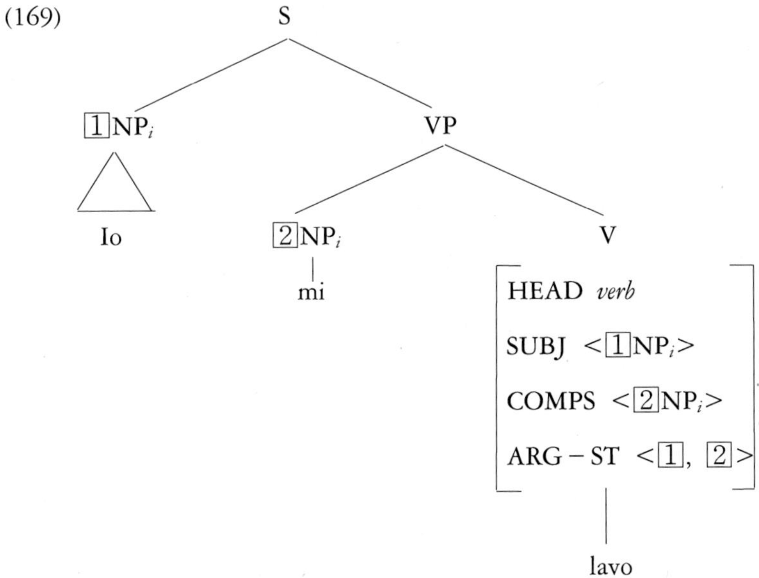

(169)의 접어 *mi*는 *cl*의 하위 유형인 *w−cl*로부터 승계되며 동사 *lavo*는 *verb*와 INFL로부터 승계된다.

어미 성질의 접어 구문은 (166)의 *Lo specchio si rompe*처럼 *verb*와 *aff−cl* 그리고 굴절로부터 승계된 구조를 갖는다.

3.3 HPSG 분석

2장에서 분류한 어미 성질의 접어, 단어 성질의 접어와 구 성질의 접어의 종류를 HPSG 방법을 통해서 단순 시제 문장을 분석해 보기로 하겠다.

3.3.1 어미 성질의 접어

이 유형의 접어는 어미 성질을 갖고 있다. 내재 재귀 접어, 능격 접어, 중간태 접어가 이 유형에 포함된다.

내재 재귀 접어

이탈리아어 내재 재귀 접어 *si*는 이탈리아어의 전통 문법에서 동사와 결합된 형태로 취급되었으며, 대명 자동사(pronominal intransitive verb)로 칭하고 있다. 다른 접어와 달리 자동사이다.

(170) Giovanni **si** arrabbia spesso.

　　　 Giovanni si(CL)＋get(*3, sg*) angry often.

　　　➤ Giovanni는 종종 화낸다.

내재 재귀 접어가 포함되는 구문은 생산적이지는 않다. 접어는 내재 논항 슬롯을 채우지도 못한다. 또한 타동사에 해당하는 형태가 없다.[35] 그래서 아래와 같은 구문은 비문이다.

(171) *Giovanni arrabbia spesso Maria.

　　　 Giovanni get(*3, sg*) angry often Maria

　　　➤ Giovanni는 종종 Maria(?에게) 화낸다.

---

35) 대명 자동사는 상응하는 타동사가 없지만 사역 구문에서 타동사로 사용되고 있다.
　　L'ho fatto arrabbiare.
　　him(CL)＋have(*1, sg*) made get angry　　'나는 그를 화나게 했다.'
　　이때는 동사 *arrabbiare*는 내재 논항을 가진다.

이 내재 재귀 접어는 논항을 갖지 못하는 단순히 문법적인 표시
자로 여겨진다. 동사 *si arrabbia*는 아래와 같은 구조 공유를 하는
것으로 본다.

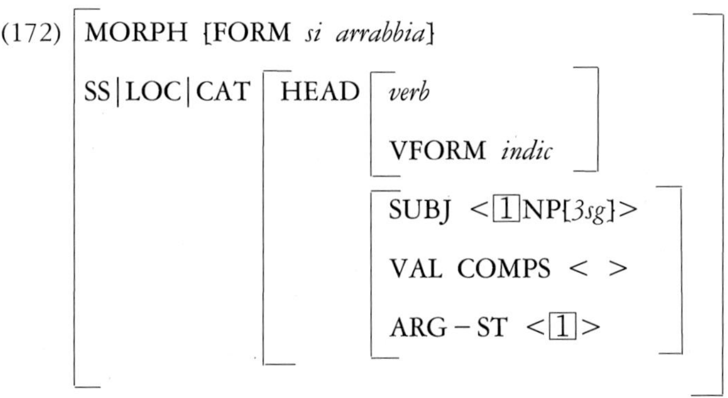

이 내재 재귀 접어는 재귀 접어와 같은 접어(*mi, ti, si, ci, vi, si*)로
동사와 결합한다. 이런 동사로는 *preoccuparsi* '걱정하다', *pentirsi* '후
회하다', *vergognarsi* '부끄러워하다' 등이 있다. (171)처럼 내재 논항
을 갖지 못하는 동사이다.

(170) 구문을 수형도로 나타내면 아래와 같다.

(173)

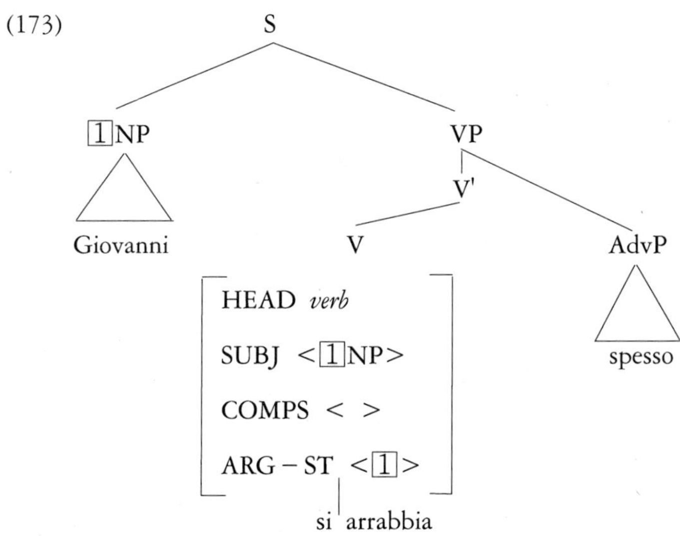

주어로 명사구를 요구하고 핵으로 접어를 요구한다. COMPS 값
이 비어 있기 때문에 (171)처럼 COMPS 값이 채워지면 비문이 된다.

능격 접어

능격 동사는 하나의 논항을 택하는 동사인데, 그 논항이 논리 주
어(logical subject)가 아니라 논리 목적어(logical object)이다. 이탈리
아어에는 이 능격 동사가 접어가 있는 능격 동사(예: *rompersi*)와 접어
가 없이 사용되는 능격 동사(예: *arrivare*)로 나누어진다. Burzio(1986)
는 능격 동사의 접어 *si*를 타동사에서 능격화되면서 주어 의미역을
상실하고 단순히 접사 기능을 하는 것으로 보았다. 접어 si는 아래의
문장과 같이 능격 해석을 갖는다(171).

(174) Giovanni rompe lo specchio.

Giovanni breaks the mirror → Giovanni가 거울을 깨다.

(175) Lo specchio **si** rompe.

the mirror si(CL)+break(*3, sg*) → 거울이 깨지다.

위와 같은 구문이 갖는 구조는 아래와 같다. (174)는 타동사로서 *rompe*이고, (175)은 능격 접어화된 *si rompe*이다.

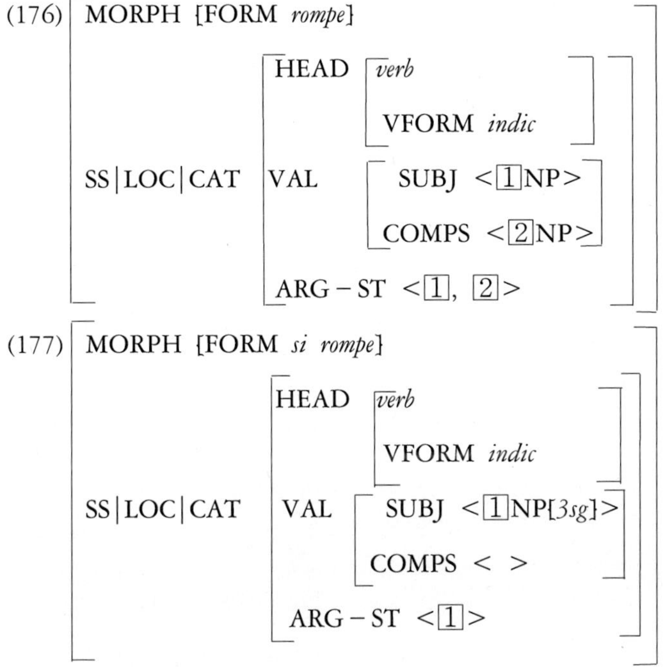

(174)의 *rompere*와 (175)의 *rompersi*의 관계는 다음과 같은 어휘 규칙이 적용된다고 추론한다.

(178) 능격 동사 어휘 규칙

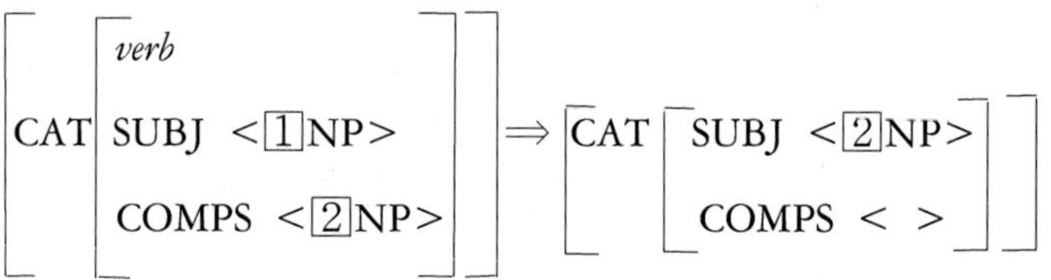

타동사인 *rompere*가 어휘 규칙이 적용되어서 *rompersi*가 된다. 이때 타동사의 목적어였던 명사구가 주어 자리에 나타나면서 주어였던 명사구는 없어진다.

이 두 구조가 갖는 관계는 타동사의 형태와 이에 상응하는 능격 형태 사이에 갖는 관계와 같다. (174)의 예문을 수형도로 나타내면 다음과 같다.

(179)

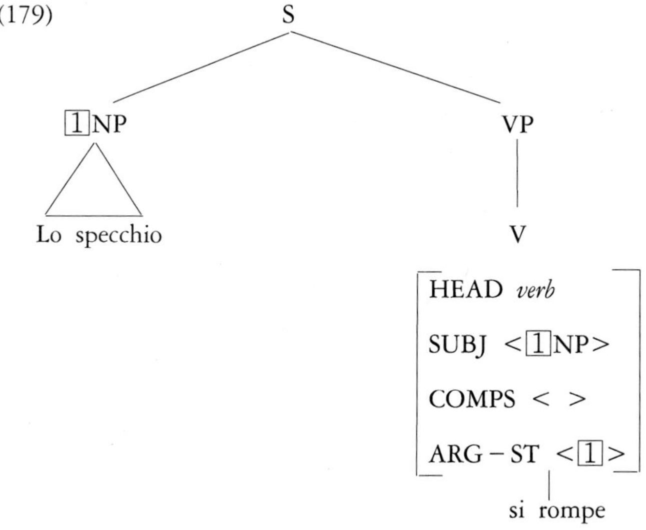

주어로 명사구를 요구하고 동사의 핵으로 접어를 요구하고 있다.

COMPS가 비어 있기 때문에 논항으로 채워지면 비문이 된다.

중간태 접어

접어 *si*는 중간태 구문에서 나타날 수 있다. 이 경우 접어는 논항이 아니며, 단지 문법 표지일 뿐이다.

(180) Giovanni compra una macchina nuova.

      Giovanni buys an auto new　　　→ Giovanni는 새 차를 산다.

(181) **Si** comprano le mele.

      si(CL) + buy(*3, pl*) the apples　　　→ 사과들이 사진다.

(180)은 *comprare* 동사가 타동사로 논항을 둘을 취하는 문장이고 (181)은 *comprarsi*가 중간태 동사로 논항을 하나 취하고 있다.

이때 접어 *si*는 중간태 요소로 행동을 하며 문장은 수동의 의미를 지닌다.[36] 구문상으로는 능동태의 구조를 가지지만 의미적으로는 수동의 의미이다. 어휘 정보를 보면 다음 (182)와 같다.

---

36) 중간 접어 구문은 Le mele si comprano처럼 나타나기도 하는데 이때 le mele는 주제화(topiclization)되어 나온 경우이다.

(182) 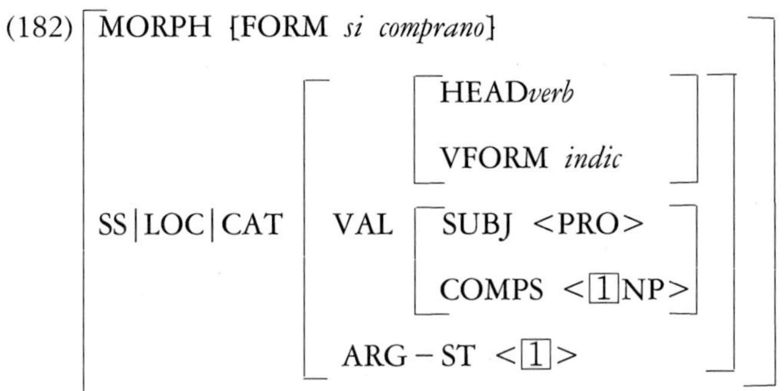

위에서 PRO는 음성적으로 실현되지 않은 대명사성 범주이다.
COMPS 값으로 명사구를 가지고 있다.

위의 *comprare*는 다음과 같은 구조를 가진다.

(183) 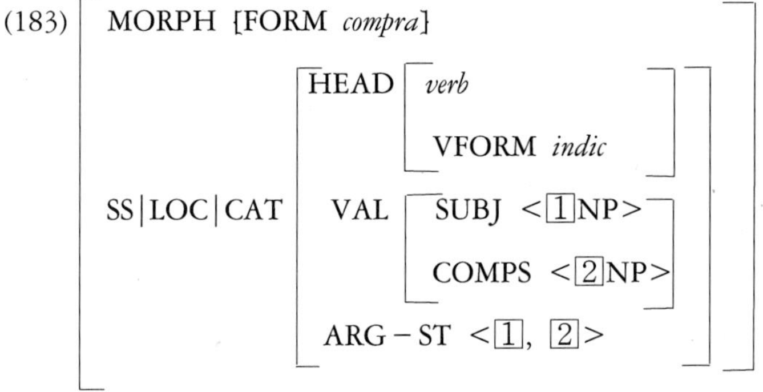

(180)의 *comprare*와 (181)의 *comprarsi*의 관계는 다음과 같은 어휘
규칙이 적용된다고 추론한다.

(184) 중간태 동사 어휘 규칙

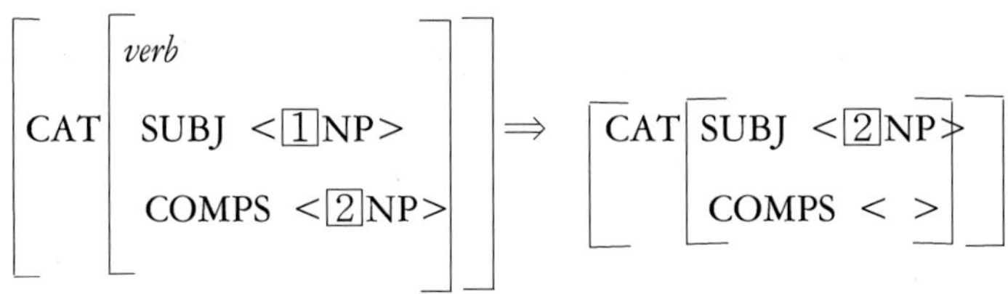

타동사인 *comprare*가 어휘 규칙이 적용되어서 *comprarsi*가 된다. 이 때 타동사의 목적어였던 명사구가 주어 자리에 나타나면서 주어였던 명사구는 없어진다.

(181)과 같은 중간태 접어 구문은 다음과 같이 수형도로 나타낼 수 있다.

(185)

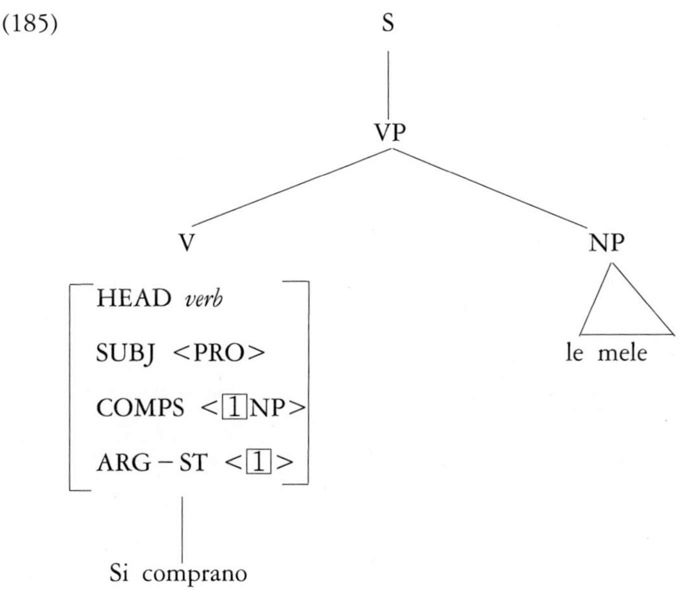

주어가 음성적으로 실현되지 않기 때문에 음성적으로 실현되는

요소가 오면 비문이 된다.

3.3.2 단어 성질의 접어

2장에서 분석한 결과에 의하면 단어 성질의 접어는 명사구 또는 전치사구와 상보적 분포를 보이며 어미 성질의 접어나 구 성질의 접어와는 달리 접어 클러스터를 형성한다.

직접 목적 접어

직접 목적 접어는 목적어로서 기능을 하며 동사의 논항으로서 사용된다.

(186) **La** amo.

her(CL)(*3, sg, f*) + love(*1, sg*) '나는 그녀를 사랑한다.'

(187)

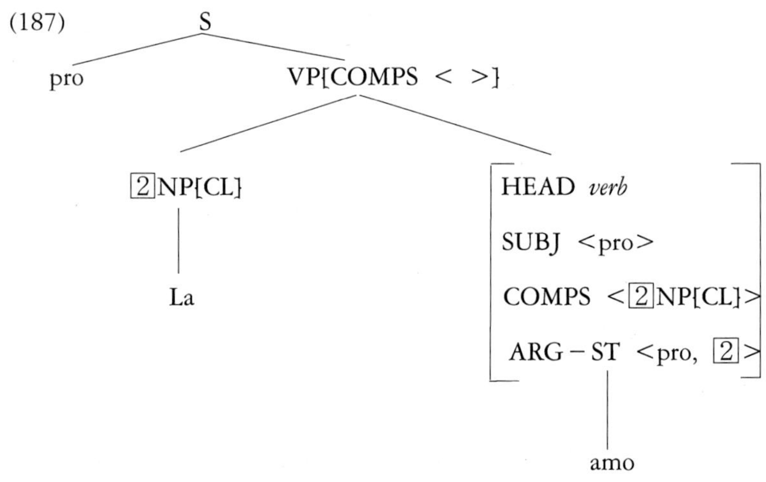

직접 목적 접어는 일반 목적어와 다른 점은 접어라는 속성 CL을
가진다는 것이다.

(188) *La amo Maria.

her(CL) + love(*1, sg*) Maria → 그녀를 나는 Maria를 사랑한다.

위의 구문이 비문인 이유는 보충어가 채워져 있기 때문이다. 직
접 목적어가 접어화된 구문의 동사 *amare* '사랑하다'는 (189)와 같
은 구조를 가진다. (187)이 비문인 이유는 COMPS 값에 명사구
Maria가 채워지기 때문이다.

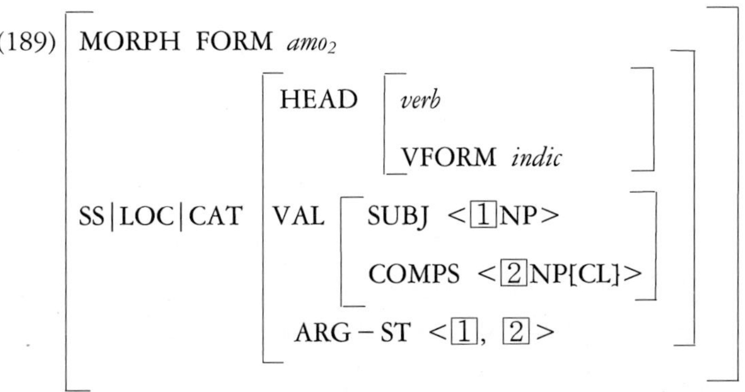

*amare*가 두 가지 유형으로 어휘부에 등재되어 있다고 추론한다.
한 유형은 일반 명사구를 COMPS 값으로 갖는 유형이고 다른 유형
은 COMPS 값으로 단어 성질의 접어를 갖는 유형이다. 이 두 유형
은 똑같이 타동사로 사용될 때 내재 논항(목적어)과 외재 논항(주
어)을 가진다. 즉 SUBJ의 값으로 명사구를 요구하고 COMPS 값으

로 명사구를 요구한다. 그러나 접어화가 되었을 때는 COMPS 값이
비어 있어야 한다. 그 접어는 완전한 명사구가 가지는 대격을 가지
고 있다.

간접 목적 접어

간접 목적 접어는 완전한 구일 때는 전치사구로 나타난다.

(190) a. Carlo scrive a me una lettera.

     Carlo write(*3, sg*) to me a letter

     → Carlo는 나에게 편지를 쓴다.

   b. Carlo **mi** scrive una lettera.

     Carlo to me(CL) + write(*3, sg*) a letter

     → Carlo는 나에게 편지를 쓴다.

(190a)는 명사구 *a me*가 접어화되어 (190b)처럼 *mi*가 후접어로 나
타나고 있다.

(190a)와 (190b)의 *scrivere* 어휘 정보를 각각 (191)과 (192)로 나타
낼 수 있다.

(191) 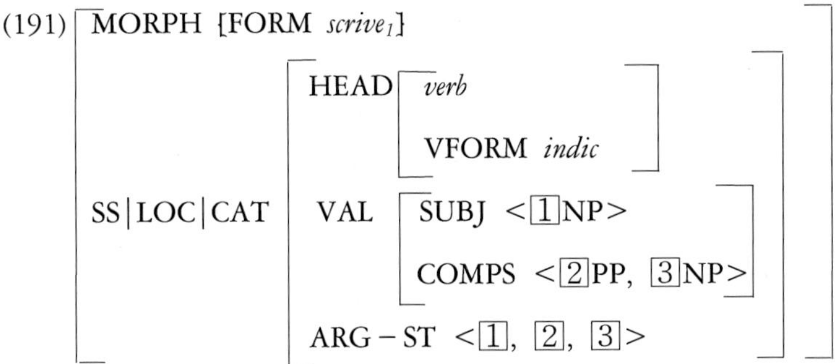

(192) 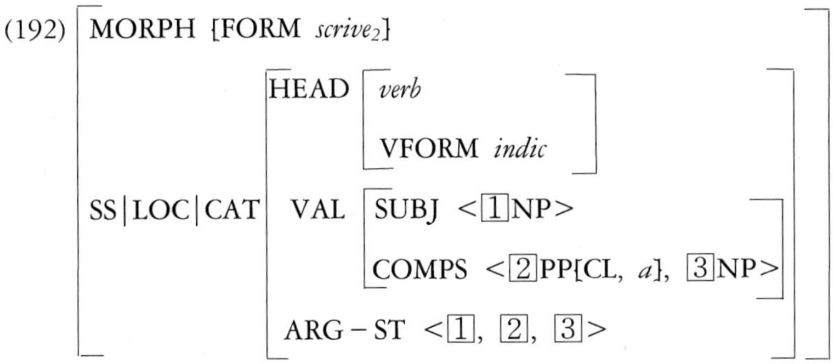

(191)과 (192)의 값이 같다. 간접 목적 접어가 일반 간접 목적어
와 다른 점은 접어라는 속성 CL을 가진다는 데 있다.

(190b)를 수형도로 나타내면 아래와 같다.

(193)

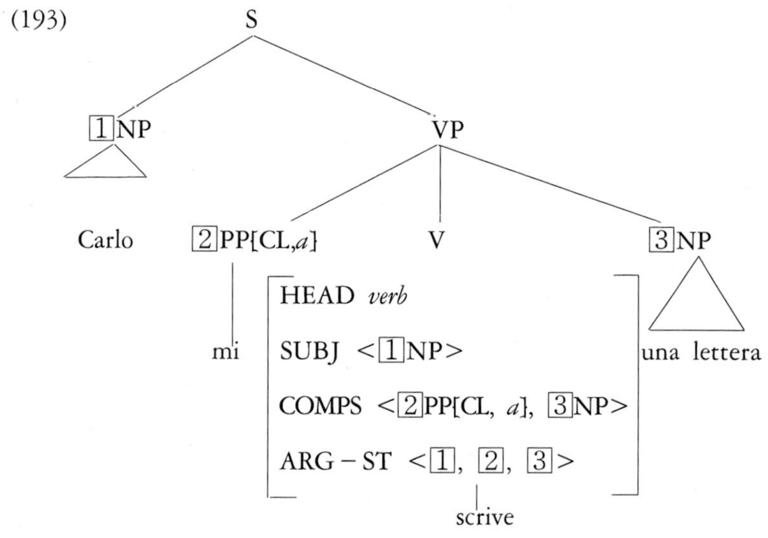

Miller(1992:40)의 생각을 받아들여서 이 *a*를 a_1로 표기하기로 하겠다. 또한 Miller & Sag(1997:17)에서도 적용례를 찾아볼 수 있다. NP와 결합하는 [CASE: a_1]와 [CASE: *di*]는 각각 여격과 소유격이라고 불린다. PP보다는 NP시퀀스로 a_1 + NP, di + NP를 취급하는 것은 NP의 일치 자질(PER, NUM, GEN)이 VP[INF]에서 concord와 관련될 때 infinitival VP를 통제할 수 있기 때문이다. 여기에서 구분해야 되는 이유는 인칭 표시된 대명사 접어(*gli, le*)와 비인칭 표시된 부사류 접어(*ci, vi*)를 구분하기 위함이다.

이 간접 목적 접어는 직접 목적 접어와 결합해서 나타나기도 한다. (190a)의 PP와 NP를 각각 접어화하면 아래와 같다.

(194) Carlo **me la** scrive.

Carlo to me(CL) + it(CL) writes → Carlo는 그것을 나에게 쓴다.

(195)

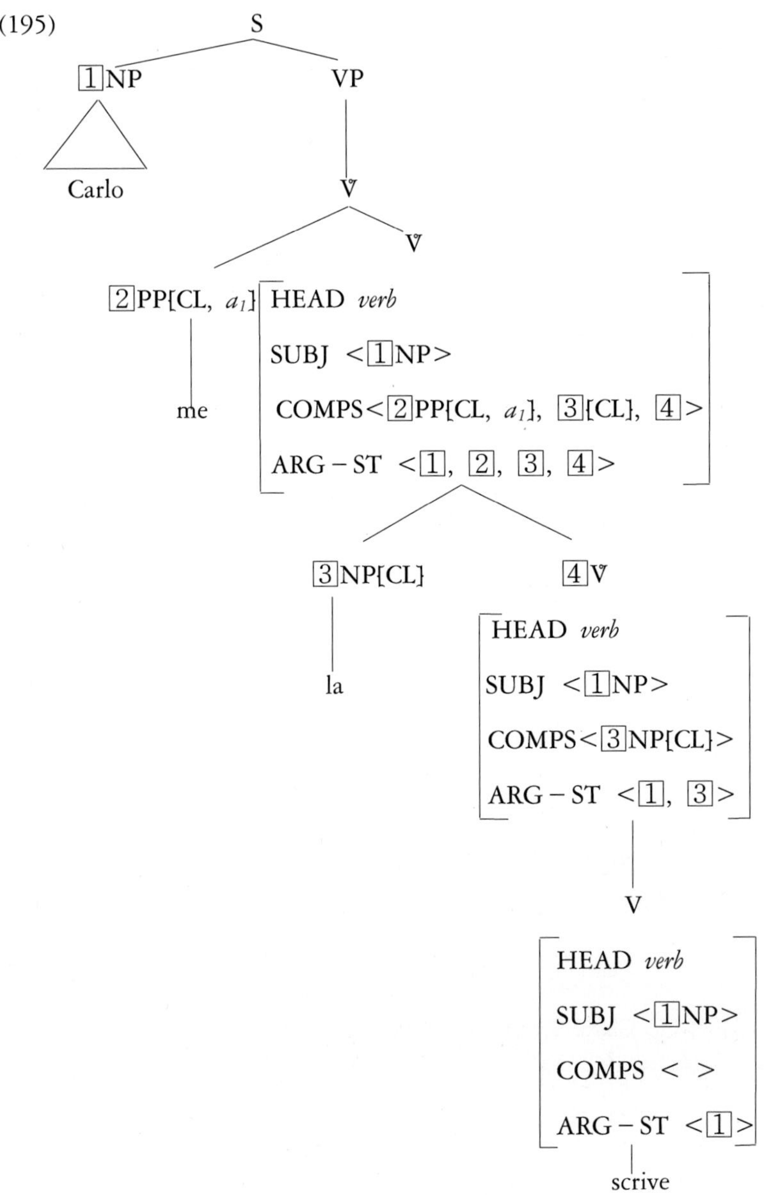

scrivere 동사가 세 가지 유형으로 어휘부에 등재되어 있다고 추론

한다. 첫 번째 유형은 완전한 전치사구와 명사구를 COMPS 값으로 갖는 유형이고, 두 번째 유형은 CL 값을 가진 전치사구를 COMPS 값으로 갖는 유형이고, 세 번째 유형은 CL 값을 가신 전치사구와 명사구를 COMPS 값으로 가진 유형이다.

재귀 접어

재귀적 용법은 주어의 행위가 주어에 되돌아오는 경우로, 이탈리아어에서 재귀적 용법은 접어를 사용하는 구문과 보충어(complement)를 사용하는 구문으로 나누어진다. 여기에서는 접어를 사용하는 재귀적 용법만을 보기로 하겠다. 접어 si는 아래의 문장처럼 재귀적인 해석을 갖는다.

(196) a. Giovanni **si** lava.

     Giovanni himself(CL) + wash(*3*, *sg*) → Giovanni는 씻는다.

   b. **Mi** alzerò presto domattina.

     myself(CL) + will(*3*, *sg*) raise early tomorrow morning

     → 나는 내일 아침 일찍 일어날 것이다.

   c. Clara **si** sveglia tardi.

     Clara herself(CL) + wake(*3*, *sg*) up late

     → Clara는 늦게 깬다.

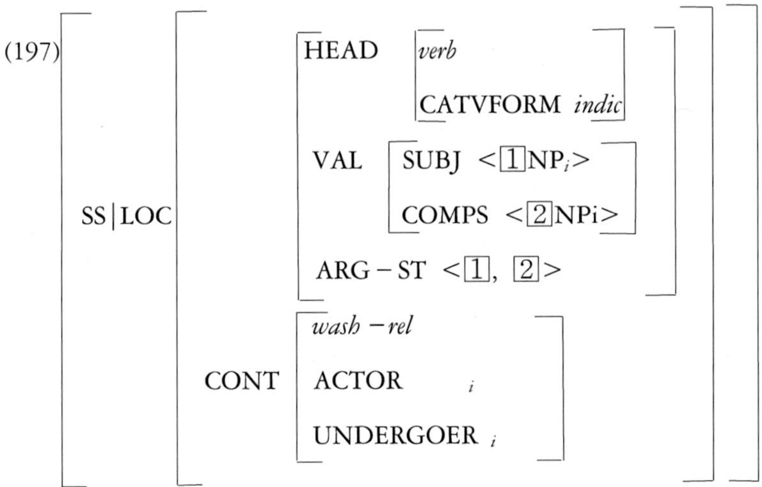

위의 속성값 행렬을 수형도로 그리면 아래와 같다.

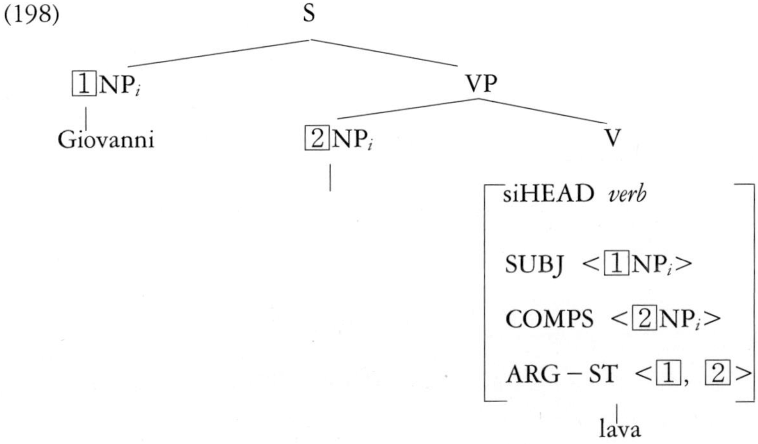

재귀 접어화에 사용되는 동사는 접어화가 일어나지 않을 때는
논항을 둘 가진다.

(199) a. Giovanni lava un cane.

Giovanni wash(*3, sg*) a dog　→ Giovanni는 개를 씻는다.

b. Io alzerò Carla presto domattina.

I will(*1, sg*) raise Carla early tomorrow morning

→ 나는 내일 아침 일찍 Clara를 깨울 것이다.

c. Clara sveglia Maria tardi.

Clara wake(*3, sg*) up Maria late

→ Clara는 늦게 Maria를 깨운다.

위의 문장은 아래와 같은 구조를 갖는다고 본다.

(200)

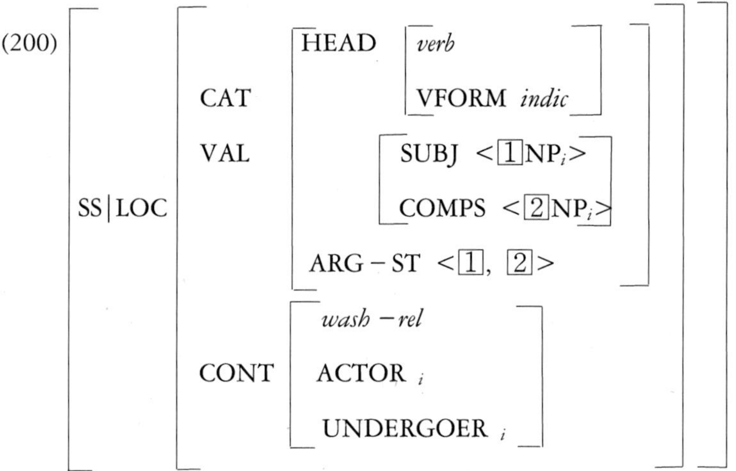

또한 이 접어는 대격을 받을 수도 있다.

(201) Giovanni **si** lava le mani.

Giovanni himself(CL) + wash(*3, sg*) the hands

→ Giovanni는 그 자신의 손을 씻는다.

위의 구문은 아래와 같은 구조 공유를 갖는다.

(202)
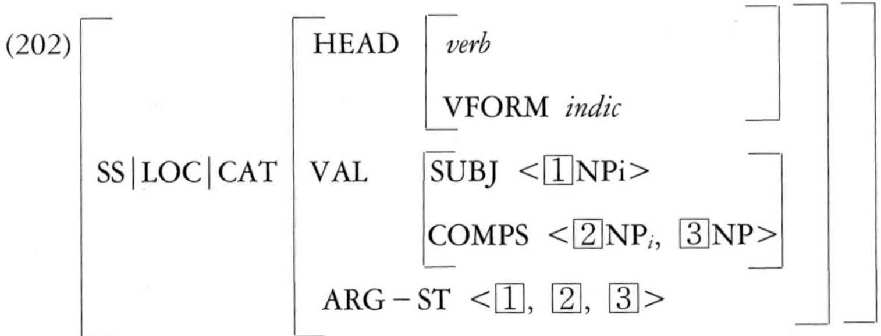

위의 속성값 행렬은 아래와 같이 수형도로 표시할 수 있다.

(203)
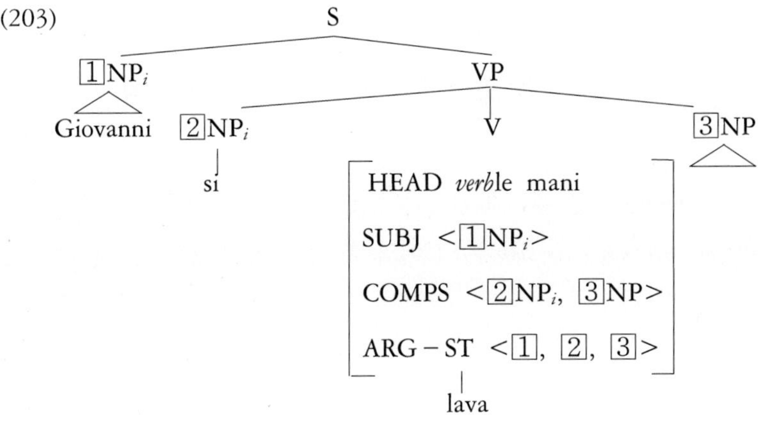

또한 이탈리아어에서는 재귀사 si는 상호재귀적 용법으로 사용되

기도 한다.[37)]

(204) Gianni e Paolo **si** picchiano.

Gianni and Paolo themselves(CL) + hit(*3, pl*)

→ Gianni와 Paolo는 (서로) 때린다.

그리고 재귀사와 상호 재귀사 또한 수동태와는 양립할 수 없다.

(205) *Giovanni **si** è giudicato dal tribunale.

Giovanni himself(CL) + is(*3, sg*) judged(*pl, m*) by the court

→ Giovanni는 자신이 법정에 의해서 심판받는다.

(206) * I due bambini **si** sono affidati da loro.

the two babies themselves(CL) + are taken(*pl, m*) care by them

→ 두 아이는 자신들이 그들에 의해서 돌봐진다.

이러한 비문법성은 접어의 해석이 논항으로 해석된다는 사실로 예견된다. 동사는 중간태 규칙을 겪을 것이고, 주어 NP는 *Giovanni* 나 *I due bambini*로 하위 범주화되며, *da*에 의해서 이끌어지는 PP(*dal tribunale, da loro*)는 접어가 채울 슬롯이 없다는 것으로 설명될 수 있다.

---

37) 종종 상호재귀적인 해석을 갖는 접어 si는 영어의 'each other'와 같은 tra(di) loro, l'uno all'altro, a vicenda, gli uni con gli altri, vicendevolmente, scambievolmente, reciprocamente 등과 쓰이기도 한다.

비인칭 접어

이탈리아어의 접어 *si*는 비인칭 해석을 가지며 전칭 주어(generic subject)로서 이해된다. 비인칭 *si*와 결합할 수 있는 동사는 자동사와 타동사가 가능하며, 동사는 항상 3인칭 단수를 요구한다.

(207) **Si** mangia spesso le mele.

one(CL) + eat(*3, sg*) often the apples

➔ 사람들은 종종 사과를 먹는다.

그리고 외현적인 주어와 상보적 분포를 보인다.

(208) *La gente si mangia spesso le mele.

the people one(CL) + eat(*3, sg*) often the apples

mangiare '먹다'를 비인칭 접어화된 문장으로 나타내면 다음과 같다.

(209) 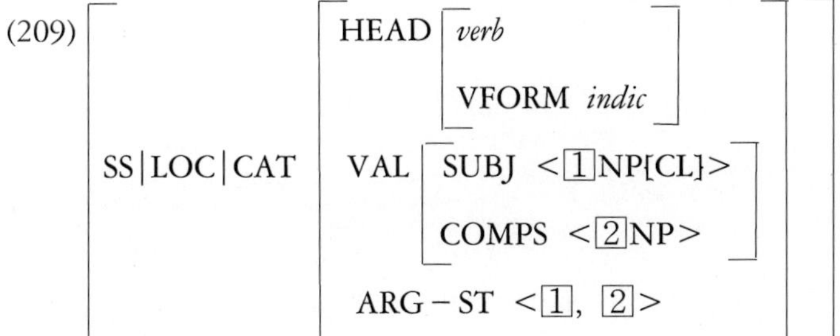

(208)이 비문인 이유는 접어가 주어의 자리에 CL의 값을 가지는 명사구가 하나만 올 수 있는데 일반 명사구가 하나 더 나왔기 때문이다.

(210)

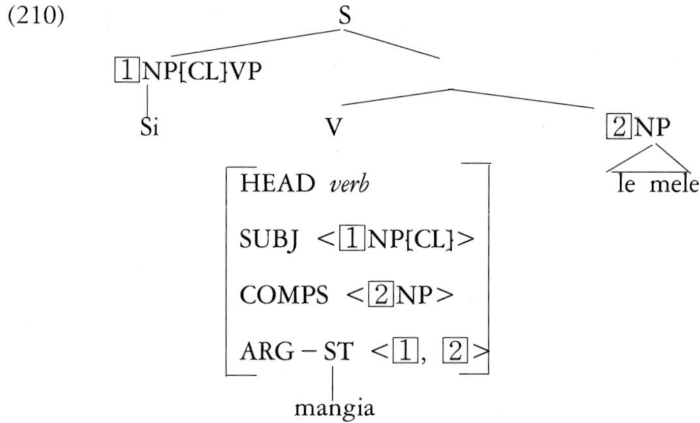

부분 접어

부분 접어는 어떤 것 중에서 일부를 나타낸다. 완전한 구는 전치사구에 해당하며 뜻은 '~중에서'를 나타낸다.

(211) a. Bevi tutto quel vino?

      drink(*2, sg*) all that wine?

      → 저기 있는 포도주를 다 마실 거니?

   b. No, **ne** bevo solo un bicchiere.

      no, of them(CL) + drink(*1, sg*) only a cup

      → 아니, 그것들 중에서 한 잔 마실 거야.

(211b)의 동사 속성값 행렬로 나타내면 다음 (212)와 같다.

(212)

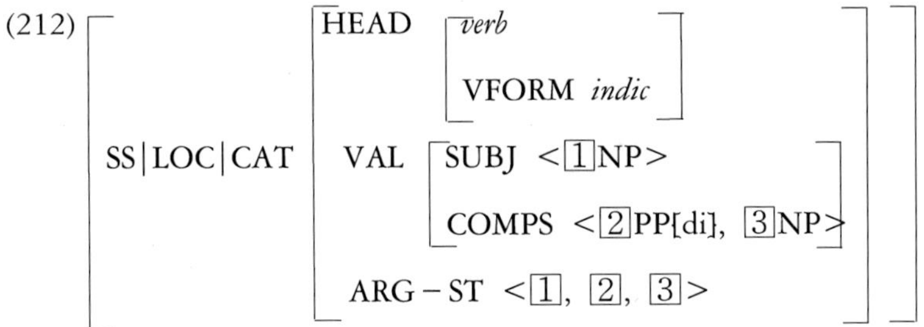

(213)

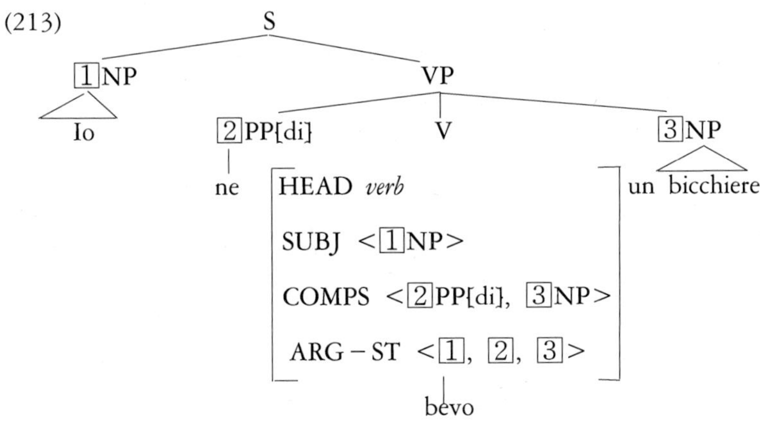

위에서 부분 접어 *ne*는 전치사 *di*의 속성을 가진다. 그래서 이 접어는 원래 전치사구가 가지던 속성을 가지게 된다.

장소 부사 접어

장소를 나타내는 전치사구를 접어 *ci* 또는 *vi*로 접어화해서 사용한다.

(214) a. Vai in Italia l'anno prossimo?

     go(*2, sg*) in Italy the year next

b. Sì, ci vado.

yes, there(CL) + go(*1, sg*) → 응, 거기에 가.

(214a)의 *in Italia*를 (214b)에서 접어 *ci*로 받은 것이다. 이 접어와 완전한 전치사구는 상보적 분포를 보인다.

(215) *Sì, ci vado in Italia.

yes, there(CL) + go(*1, sg*) in Italy → 응, 거기 이탈리아에 가.

(214b)의 접어는 아래와 같은 구조를 가진다.

$$(216)\begin{bmatrix} \text{SS}\,|\,\text{LOC}\,|\,\text{CAT} & \begin{bmatrix} \text{HEAD} & \begin{bmatrix} verb \\ \text{VFORM}\ indic \end{bmatrix} \\ \text{VAL} & \begin{bmatrix} \text{SUBJ}\ \langle \boxed{1}\text{NP} \rangle \\ \text{COMPS}\ \langle \boxed{2}\text{PP}_{a_2} \rangle \end{bmatrix} \\ \text{ARG-ST}\ \langle \boxed{1},\ \boxed{2} \rangle \end{bmatrix} \end{bmatrix}$$

위에서 a_2는 장소 부사 *ci*나 *vi*를 가리킨다. COMPS 값이 a_2인 전치사구를 하나 요구하는데 *in Italia*와 같은 전치사구가 하나 더 오면 (215)처럼 비문이 된다.

3.3.3 구 성질의 접어

Loro

이탈리아어의 다른 접어들은 단음절(monosyllabic)이지만 *loro*는 2음절(bisyllabic)이다. 이 접어는 완전한 보충어 자리에 나타나지 않는다.

(217) *Mario spedisce la lettera **loro**.

      Mario sends the letter + to them(CL)

      → Mario는 그들에게 편지를 보낸다.

다른 접어들과 마찬가지로 숙주어로 동사를 필요로 하고 있다.

(218) Mario spedisce **loro** la lettera.

      Mario sends + to them(CL) the letter

      → Mario는 그들에게 편지를 보낸다.

단음절인 다른 접어와는 달리 형용사를 숙주어로 취하는 경우도 있다.

(219) a. *Un libro gli incomprensibile.

        a book to him incomprehensible → 그에게 난해한 책.

    b. Un libro **loro** incomprensibile

a book to them(CL) + incomprehensible

→ 그들에게 난해한 책.

c. *Un libro incomprensibile **loro**

a book incomprehensible + them(CL)

*loro*가 형용사를 숙주어로 취할 경우 후접어로 나타난다. 전접어
로 나타나는 경우에는 비문이다. (218)의 *spedire* 동사를 형식화하면
다음과 같다.

Monachesi(1997)에서 전접어 *loro*를 설명하기 위해서 전접어 선형
선행 제약을 제안한다. 그녀의 제안을 받아들여서 이 연구에서 사
용하고 있는 방법으로 다시쓰기를 하면 아래와 같다.

(220) 전접어 선형 선행 제약(Linear Precedence Constraint for Enclitic)

  VERB ⟨ CL[− LEX] ⟨ COMPLEMENT[− LEX]

이 제약은 동사구 구접어(clitic phrase: CLP) 앞에 오고, 다시 구
접어는 다른 보충어를 선행한다. 이 제약으로 (213)이 비문인 이유
가 설명된다. (213)은 보충어가 접어 앞에 나옴으로써 선형 순서를
어겼기 때문에 비문이다.

(221)

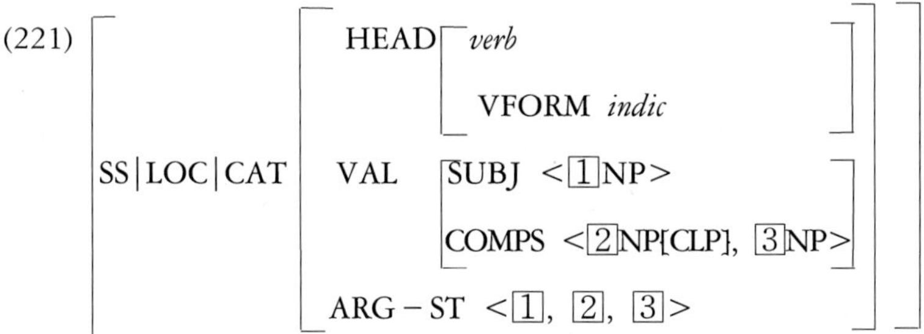

(222)

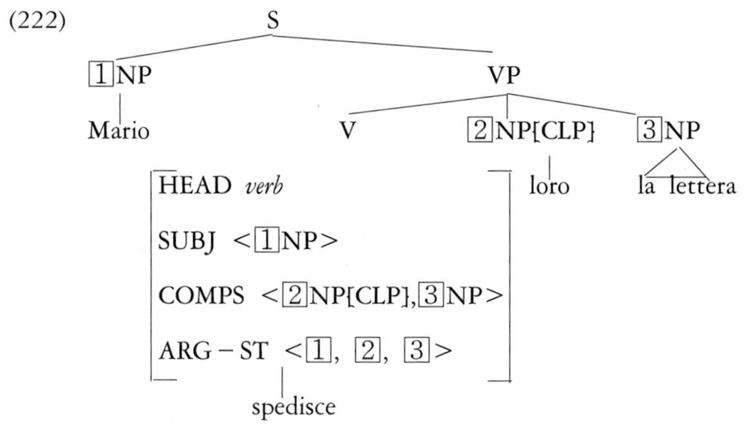

지금까지 이탈리아어 접어의 종류를 셋으로 나누고 각각의 접어를 분석해 보았다. 어미 성질의 접어는 어미로 다루었으며, 단어 성질의 접어와 구 성질의 접어를 동일하게 단어로 다루었다. 이들의 차이점은 단어 성질의 접어는 후접어로 나타나고 구 성질의 접어는 전접어로 나타난다는 데 있다.

3.4 결론

3장에서 접어의 개념과 테스트를 통해서 이탈리아어의 접어를 속성에 따라서 세 그룹으로 나누었다. 어미 성질의 접어는 어미의 속성을 가진 그룹이고, 단어 성질의 접어는 단어의 속성을 가진 그룹이고 그리고 구 성질의 접어는 정위치(canonical position)에 나오면서 음운적으로 동사를 숙주어로 취한다. 이러한 속성에 따라서 접어를 각각 HPSG 분석 방법을 통해서 설명해 보았다.

이탈리아어 접어와 일치

일치의 본질은 무엇인가? 일반적으로 일치는 형태-통사적인 의존성(morphosyntactic dependency)을 가진 것으로 표현되는 잉여관계로 표현되고 있다. 일치는 예는 아래와 같은 관계에서 찾아볼 수 있다.

첫째, 술어와 논항과의 관계(주어-동사, 동사-목적어, 전치사-
    목적어)
둘째, 명사구 내의 관계(한정사-명사, 속성 형용사-명사, 소유
    형용사-명사)
셋째, 대명사 또는 대용사와 그 선행사의 관계

Corbett(1998)는 일반적으로 일치는 두 요소들 간의 자질 일치 (matching relation)로 가정하고 있다.[38] 일치를 설명하기 위해서

---

38) 대용사적인 대명사를 일치의 한 현상으로 봐야 하는지는 문젯거리다. 보통 일치에서 대명사 까지 포함하려는 일련의 경향이 있지만 Barlow(1988:134-52, 1991)는 일치와 선행사

Corbett(1998)는 일치를 결정하는 요소를 제어자(controller)를 설정하고, 일치에 의해서 결정된 요소의 형태를 목표(target)이라 칭하고, 일치가 일어나는 통사적인 환경은 일치의 '범위(domain)'로 보았다. Barlow & Ferguson(1998)은 일치가 논항(일반적으로 출발점(source))과 선택자(selector)(혹은 목표) 사이에 표지하는 어떤 종류가 있다고 가정하였고 지배로부터 일치를 구분하여 설명하려 했다. Zwicky(1986a, 1986b)는 자질지배(feature government)와 일치의 구분이 있어야 된다고 보았으며, Pollard & Sag(1987)는 격일치(case concord)를 제외하고 일치를 지배(government)로 다루었다.

최근에 분석 방법으로 GPSG(일반화 구구조문법 Generalized Phrase Structure Grammar)와 HPSG(핵어중심 구구조문법 Head-driven Phrase Structure Grammar) 등에서는 제어자와 목표에 자질의 자유 예시(free instantiation)를 허용한다. 문법적이기 위해서는 이 구조는 특정한 자질 명시화의 정체성을 요구하는 일종의 제약들을 요구한다. 이러한 작업은 통합에 의해서 이루어지며 복사(copying)나, 일치의 방향성(directionality) 없이 자질 명시를 통해서 일치관계를 설명한다. HPSG에서는 반대칭(asymmetry)이 고정(anchoring)을 통해서 포착되며, 성, 수, 인칭 자질은 명사구의 지표(index)를 통해서 실세계의 실체에 고정된다(Pollard & Sag 1994, Kathol 1997). 통합에서 제어자는 없을 수도 있으며, 미명세될 수도 있다.

- 조응 관계를 잘 설명할 만한 주장은 없다고 한다.

4.1 일치 관련 구조

접어와 일치 현상을 설명하기 위해서 먼저 보조 동사 선택과 복합 술어에 대해서 살펴보고자 한다. 복합 시제에서 과거 분사로 사용되는 동사의 종류에 따라서 보조 동사가 *avere*나 *essere*로 결정된다. 그리고 복합 술어는 사역 구문에서 접어 상승(clitic climbing)은 강제적으로 일어나며, 재구성 동사가 있는 구문에서 접어 상승은 수의적으로 일어난다.

4.1.1 보조 동사 선택

이 연구에서 보조 동사를 다루는 이유는 접어와 과거 분사의 일치관계를 설명하는 데 중요한 역할을 하기 때문이다. 직접 목적 접어와 과거 분사의 일치(223a)에서는 보조 동사 *avere*를 취하고, 비인칭 접어와 과거 분사 (223b) 그리고 재귀 접어와 과거 분사 (223c)의 일치는 보조 동사 *essere*를 취한다.

(223) a. **Li** ho mangiati.

them(CL)(*3, pl,* m) + have(*1, sg*) eaten(pl, m)

→ 나는 그것들을 먹었다.

b. **Si** è alzata presto.

herself(CL)(*3, sg,* f) + is waken up(sg, f) early

→ 그녀는 일찍 일어났다.

c. **Si** è venuti tardi.

one(CL)(*3, pl,* m) + is come(pl, m) lately

→ 사람들은 늦게 도착했다.

(223)처럼 단어의 성질의 접어 중에서 직접 목적 접어와 비인칭 접어 그리고 재귀 접어는 일치 자질이 단어 내에 포함되어 있다.

4.1.1.1 비대격 동사와 기타 동사

이탈리아어에서는 완료상 조동사로 *essere*와 *avere*가 사용되고 있다. *essere*는 비대격(nonaccusative) 동사와 사용되고 *avere* 동사는 다른 동사와 결합을 보인다(Rizzi 1982, Burzio 1986).

(224) a. Piero ha / *è mangiato con noi.

Piero has / *is eaten with us → Piero는 우리랑 식사를 했다.

b. Piero ha / *è voluto questo libro.

Piero has / *is wanted this book → Piero는 이 책을 원했다.

c. Piero *ha/è venuto con noi.

Piero *has / is come with us → Piero는 우리와 함께 왔다.

여기에서 비대격 동사와 능격 동사의 구분은 학자에 따라 다르긴 하지만 차이점을 보면 다음과 같다.

(225) a. The enemy sank the boat.

b. The boat was sank.

c. The boat sank.

위에서 (225a)의 동사 *sink*는 타동사이고 (225b)는 동일한 타동사로 표현된 절미형 수동형(truncated passive form)이다. 그러나 (225c)는 (225a)에서 유도되어 나온 수동형이 아니다. 수동 동사, 상승 동사 및 *there*-삽입을 허용하는 동사만을 비대격 동사라고 칭하고, 이와 같은 것이 허용되지 않는 (225c)와 같은 구문의 동사를 능격 동사라 칭한다.

Burzio(1986:23)는 이탈리아어에서 능격 동사와 비대격 동사가 동일하다는 주장을 하였다. 그의 주장을 보면 다음과 같다.

(226) a. Molti esperti saranno invitati.

many experts will be invited

→ 많은 전문가들이 초청될 것이다.

b. Saranno invitati molti esperti.

will be invited many experts

→ 많은 전문가들이 초청될 것이다.

c. **Ne** saranno invitati molti.

of them(CL)+will be invited many

→ 그들 중에 많은 전문가들이 초청될 것이다.

 (226b)는 주어 도치(subject inversion)의 예이고, (226c)는 *ne* 접어화 구문이다. 이 구문의 특수한 점은 비인칭 접어 si와 관계없이 목적어 전치(object − preposing)와 목적어 후치(object − postposing)가 이루어진다. 그런데 *ne* 접어화는 목적어가 후치되었을 때만 이루어진다(Burzio 1986:24).

 (227) a. **Si** leggera volentieri alcuni articoli.

    one(CL) + will read(*3, sg*) willingly a few articles

    → 사람들은 기꺼이 몇 개의 기사를 읽을 것이다.

   b. Alcuni articoli **si** leggeranno volentieri.

    a few articles one(CL) + will read(*3, pl*) willingly

    → 사람들은 기꺼이 몇 개의 기사를 읽을 것이다.

   c. **Si** leggeranno volentieri alcuni articoli.

    one(CL) + will read(*3, pl*) willingly a few articles

    → 사람들은 기꺼이 몇 개의 기사를 읽을 것이다.

 위에서 (227b)는 목적어가 전치된 구문이다. 이때 동사는 목적어의 수와 일치관계를 보인다. (227c)는 목적어가 후치된 경우이다. 여전히 동사는 일치(3인칭, 복수)를 보인다. 위의 (227c)를 *ne* 접어화하면 다음과 같다.

 (228) **Si ne** leggeranno alcuni.

   one(CL) + of them(CL) + will read(*3, pl*) a few

또 위의 (228a)를 *ne* 접어화하면 아래와 같다.

(229) **Si ne** leggera alcuni.

one(CL)＋of them(CL) will read(*3, sg*) a few

→ 사람들은 그것들 중에서 몇 개를 읽을 것이다.

이와 같이 목적어이면 모두 예외 없이 *ne* 접어화가 적용된다. (230) 의 *sink*에 해당하는 *affondare* 동사가 포함되는 문장과 유사한 이탈리아어의 문장들이다.

(230) a. L'artigliera affondò due navi nemiche.

the artillery sank(*3, sg*) two enemy ships

→ 그 포가 적군의 배 두 척을 침몰시켰다.

b. Due navi nemiche affondarono.

two enemy ships sank(*3, pl*)

→ 적군의 배 두 척이 침몰했다.

c. **Ne** affondarono due.

of them(CL)＋sank(*3, pl*) two

→ 그것들 중에서 두 척이 침몰했다.

(230b)에 주어 도치를 시킨 후 *ne* 접어화를 시키면 (230c)와 같은

구문이 나온다. 즉 이탈리아어에서는 능격 동사와 비대격 동사의 구분이 없다는 결론에 이르게 된다. 이탈리아어에서 능격 동사가 갖는 특성을 보면 첫째, *ne* 접어화는 직접 복적어로부터 추출이 가능하다.

(231) a. **Ne** arriveranno molti.

 of them(CL) + will arrive(*3, pl*) many

 → 그들 중에서 많은 사람이 도착할 것이다.

 b. ***Ne** telefoneranno molti.

 of them(CL) + will call(*3, pl*) many

 → 그들 중에서 많은 사람이 전화할 것이다.

(231a)에서 *arrivare*(도착하다)는 능격 동사이고, *telefonare*(전화하다)는 자동사이다. 둘째, 과거시제를 가질 때 보조 동사로 능격 동사는 *essere*를 취하게 되며, 비능격 동사는 *avere*를 취하게 된다. 그러나 능격이라는 용어와 비대격이라는 용어는 다소 혼란스럽게 사용하는 경향이 있다. Burzio(1986)에서 사용하는 능격이라는 술어는 주격 / 대격 언어에만 허용되는 능격이다. 이 주격 / 대격 언어에서 사용되는 능격성과, 능격 / 절대격(absolutive) 언어에서 사용되는 능격성은 다른 것이다. 능격 언어에서 능격이라 하는 것은 절대격을 말한다. Dixon(1994:9)은 주격 / 대격 언어와 능격 / 절대격 언어를 구분하였는데, 그에 따르면 주격/대격 언어는 자동사의 주어와 타동사의 주어를 동일한 주어로 묶고, 타동사의 목적어만을 대격 목적어로 구분하였으며, 능격 / 절대격 언어는 자동사의 주어와 타동사

의 목적어를 절대격이라 하고, 타동사의 주어만을 별도로 능격이라 구분하였다.

비대격성에 대해서 Dixon(1979)은 유형론적 관점에서 다루었으며, Perlmutter(1979)는 관계문법으로, Burzio(1986)은 GB로 다루었다. 비대격성은 타동사의 목적어와 비대격/수동 구문의 주어와의 특성 공유로 인식될 수 있다. 이러한 추론이 기본적으로 맞는다면 이탈리아 동사의 기호를 (232)와 같이 값 구조를 다룰 수 있다. 타동사와 비능격 동사의 주어는 SUBJ 항목의 유일한 요소이고 수동 동사와 비대격 동사의 주어는 COMPS 항목의 첫 번째 NP이다. 이와 같은 기술을 바탕으로 아래와 같은 값 구조 유형을 가정할 수 있다.

(232) 값 구조의 유형

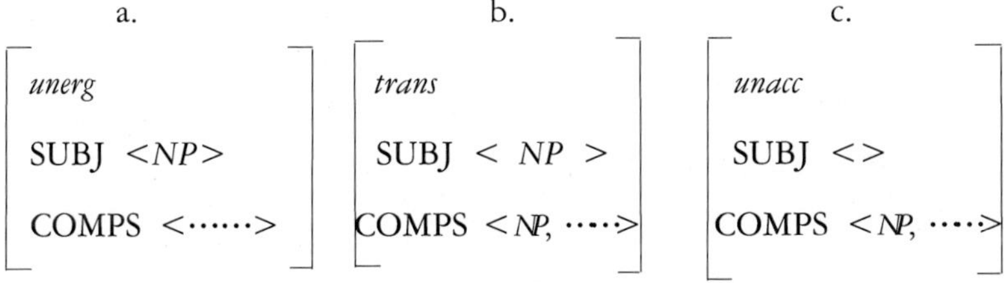

이와 같은 구조는 이탈리아어에서 비대격성과 관련된 아래와 같은 현상을 설명해 준다.

(233)

a. 보조 동사 선택: *essere*는 [SUBJ < > COMPS<NP>]를 가진 동사구만을 선택한다.

b. *ne* 동일 지표화: 접어 *ne* '그것들 중에서'는 항상 COMPS에 있는 첫 번째 명사구와 동일 지표된다.

c. 과거 분사 굴절은 COMPS에 있는 첫 번째 명사구의 일치 자질인 성수에 따라서 동사가 굴절을 하는데 [SUBJ < > COMPS <NP, ……>]의 값 구조를 가진 항목에만 적용된다.

따라서 이탈리아어 보조 동사는 주어 값이 비어 있고 COMPS 값이 명사구일 때 *essere*를 선택한다. (233a)에 해당하지 않는 동사는 보조 동사 *avere*를 선택하게 된다. 또한 과거 분사의 굴절 또는 일치는 비대격일 때만 가능하다.

위에서 언급한 것처럼 비대격과 수동 과거 분사는 주어와 일치를 보이지만 타동사의 과거 분사와 비능격은 항상 남성 단수의 굴절을 보인다.[39]

(234) a. Le pizze sono arrivate.

　　　 the pizzas are arrived　　→ 피자들이 도착했다.

　　 b. La relazione fu apprezzata.

　　　 the relation was appreciated

　　　 → 관계가 바르게 평가되었다.

---

39) 언뜻 보기에 −*o* 형태소가 타동성과 능동성의 과거 분사로 굴절과는 관계가 없다고 생각할 수도 있다. 다시 말하면 이탈리아어에는 두 종류의 −*o*가 존재하며, 하나는 남성 단수 일치 값을 갖고 다른 하나는 무표(unmarked) 어미라고 볼 수 있다는 소리이다. 그러나 독립적인 유인(motivation)이 없다.

(230) a. I bambini hanno mangiato.

the babies have eaten(*sg, m*) → 아이들이 먹었다.

b. *I bambini hanno mangiati.

the babies have eaten(*pl, m*) → 아이들이 먹었다.

우리는 위의 예문에서 능격성 과거 분사는 한정 형태에서 의미적인 INDEX 공유를 유발하지만 비능격성 과거 분사는 유발시키지 못한다고 추론한다. 기술적으로 우리는 Kathol(1994)이 기술했던 분석틀을 받아들여서 단어의 음운론적인 형태가 STEM|PHON에 포함되어 있는 음운론적인 기본 형태와 INFL 속성의 기능이라고 본다.

(236)
$$\left[\begin{array}{l} \text{PHON } \textit{infl}(\boxed{1}, \boxed{2}) \\ \text{STEM } \{\text{PHON } \boxed{1}\} \\ \cdots\cdots|\text{HEAD}|\text{INFL } \boxed{2} \end{array}\right]$$

과거 분사에서 INFL은 AGR, NUM, GEN을 가지게 되며, 네 개의 과거 분사 ending(*o, a, i, e*)은 동사의 유형과 관계없이 AGR을 예시한다. 그러나 능격성 동사는 의미역을 유발하지만 비능격성을 유발시키지 못한다. 우리는 위의 예문 (235a)에 대한 적격성을 설명할 수가 있게 된다.

4.1.1.2 재구성 동사

다음은 보조 동사 선택에서 특이성을 보이는 재구성 동사(restructuring verb)를 보기로 하자. Rizzi(1982)는 의미론적으로 약한 특정 부류의 조동사들이 구조를 재분석하는 재구성 규칙을 유발한다고 제안함과 동시에 재구성 규칙은 생산적인 통사 과정이라고 주장하였다. 그는 재구성 동사를 다음과 같이 세 부류로 나누고 있다.

(237) 재구성 동사

1. 양태 동사(modal verb)

   (예. *potere* '할 수 있다', *dovere* '해야만 하다', *volere* '원하다' 등)

2. 시간상 동사(temporal aspectual verb)

   (예. *cominciare* '시작하다', *finire* '마치다', *continuare* '지속하다' 등)

3. 순수 동작 동사(pure motion verb)

   (예. *venire* '오다', *andare* '가다', *tornare* '돌아가다' 등)

흥미로운 사실은 재구성 동사 *volere*와 같은 동사가 동사의 보충어를 가질 때 조동사의 선택에서 나타난다.

(238) a. Piero ha / *è voluto mangiare con noi.

   Piero has / *is wanted to eat with us

   → Piero는 우리와 함께 먹기를 원했다.

   b. Piero ha / è voluto venire con noi.

   Piero has / *is wanted to come with us

(238b)처럼 동사가 *essere*를 취할 때는 조동사로 *avere*와 *essere* 둘 다 사용할 수 있지만, *avere*를 취할 때는 항상 *avere*만 사용해야 한다. 예를 들어서 복합술부형성(complex predicate formation)을 막는 Wh-이동을 동반하는 VP 수반이 조동사 변화를 막고, 조동사의 변화 없이 접어 상승이 불가능하다.

(239)

a. La casa paterna, tornare alla quale Maria avrebbe voluto/*sarebbe voluta già da molto tempo, ……

Her paternal home, to which Maria would have wanted to go back for a long time, ……

b. *?Maria **ci** ha dovuto venire molte volte.

Maria there(CL)+has had to come many times

위의 예들에서 보조 동사 *avere*나 *essere*를 선택하는 것은 재구성 동사 다음 맨 오른쪽 끝에 오는 동사이다. Rizzi(1982:22-23)는 보조 동사와 맨 오른쪽 끝에 오는 동사 사이에 재구성 동사 몇 개가 오더라도 맨 오른쪽 끝에 오는 동사, 즉 부정 동사가 보조 동사를 선택한다고 보여주고 있다.

(240)

a. Maria **li** avrebbe voluti andare a prendere lei stessa.

  {avere}{essere}{avere}

Maria them(CL)+would have wanted to take herself

→ Maria는 그들을 그녀 자신이 데려가길 원했을 것이다.

b. Maria **ci** sarebbe dovuta cominciare ad andare.

  {avere}{avere}{essere}

Maria there(CL)+would have had to begin to go

→ Maria는 그곳에 가기 시작했어만 했을 것이다.

c. Maria **li** avrebbe potuti stare per andare a prendere lei stessa.

  {avere}{essere}{essere}{avere}

Maria them(CL)+would have been able to be on the point of

going to get herself

→ Maria는 그녀 자신이 그들을 막 데리러 갈 수 있었을 것이다.

위의 예에서 볼 수 있듯이 보조 동사의 선택은 맨 오른쪽 끝에 있는 동사에 의해서 결정된다.

(241) 재구성 동사의 논항 합성 규칙

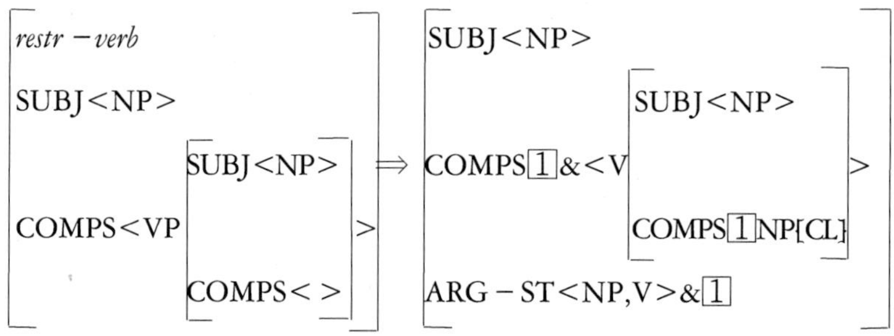

위의 재구성 동사의 논항 합성 규칙은 맨 오른쪽에 있는 재구성 동사의 보충어를 첫 번째 재구성 동사가 승계하며, 보조 동사를 승계한다. 마지막 동사의 하위 범주화 요구가 본동사까지 전달된다. 재구성 동사가 두 개 있을 때는 보충어 승계를 두 번 유발하고, 세 개 있을 때 보충어 승계를 세 번 유발한다. 또한 보조 동사도 같이 승계한다. 비록 중간에 있는 재구성 동사가 다른 보조 동사를 요구하더라도 맨 오른쪽에 있는 보조 동사를 승계한다.

4.1.1.3 동사의 유형 계층

또 하나의 보조 동사 구분이 Sanfilippo(1993:181 – 82)에 의해서 이루어졌다. 그는 보조 동사 *avere*와 *essere*이 취하는 자동사를 의미역에 따라 구분하고자 시도한다.

(242)

a. 내재적으로 방향을 명시하는 자동사

(*andare* '가다', *arrivare* '도착하다', *venire* '오다' 등)

b. 이동 양태(manner of motion)를 명시하는 그리고 외적인 원인을 받는 동사(*scivolare* '미끄러지다', *rollare* '구르다', *slittare* '미끄러지다' 등)

c. 이동 양태를 명시하지만 외적인 원인을 받지 않는 자동사

(*correre* '달리다', *nuotare* '수영하다', *camminare* '걷다' 등)

위의 (242a), (242b)는 *essere*를 취하고, (242c)는 *avere*를 취한다고
주장하고 다음과 같은 구분을 제시한다.

(243)

a. －mov_dir은 사건 참여자의 directed motion

b. －mov_mann은 사건 참여자의 undirected motion

c. －caus_mov_mann은 사건 참여자의 undirected motion이지만
외적인 원인이 없는 의미 관계(thematic relation)

우리는 여기서 동사의 유형 계층 구조가 다음과 같다고 가정한다.

(244)

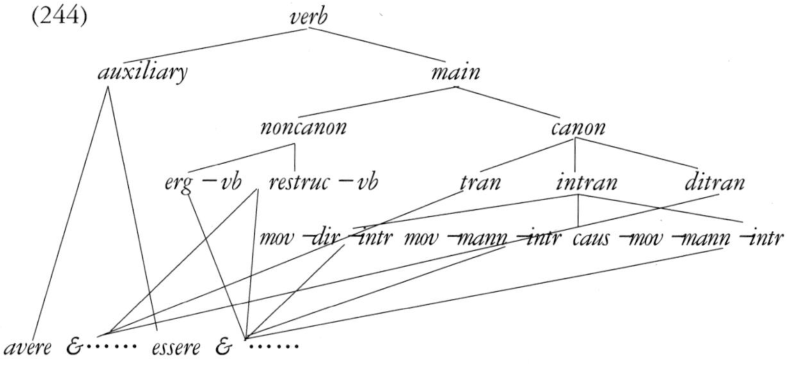

위와 같은 유형 승계 구조에 의해서 보조 동사가 결합한다고 추론한
다. 동사는 보조 동사와 본동사로 나누어지며, 본동사는 다시 부정본동
사(noncanonical verb)와 정본동사(canonical verb)로 나누어진다. 부정본
동사는 능격 동사(ergative verb)와 재구성 동사(restructuring verb)로 나
누어지고 정본동사는 타동사(transitive verb), 자동사(intransitive verb)

그리고 이중 목적 동사(ditransitive verb)로 나누어진다. 이와 같은 위계 구조는 동사의 유형을 나누고 어떠한 동사의 유형이 어떤 보조 동사와 결합하는지 예측가능하게 된다.

4.1.2 복합 시제

복합 시제의 통사적 구조는 이 연구에서 일치를 설명하는 중요한 바탕이 되며, 보조 동사는 일치에서 차이가 나타나기 때문에 이들의 차이점을 어떻게 속성값 행렬로 설명할 수 있는지를 보여주기 위해서다.

먼저 복합 시제의 구구조(phrase structure)를 분석하기 위해서 몇 가지 가능성을 생각해 볼 수 있다.

(245) a. 보충어를 오른쪽 가지로 갖는 구조

b. 통사적인 동사의 복합 구문을 갖는 동사의 형태

c. 평면 구조

(245)에 따라서 (246)의 예문을 (247)로 나타낼 수 있다. (245a)를 (247a)로, (245b)를 (247b)로 그리고 (245c)를 (247c)로 각각 나타낼 수 있다.

(246) Io gli ho dato delle dolci.

I to him(CL) + have given some candies

➤ 나는 그에게 약간의 과자를 주었다.

(247)

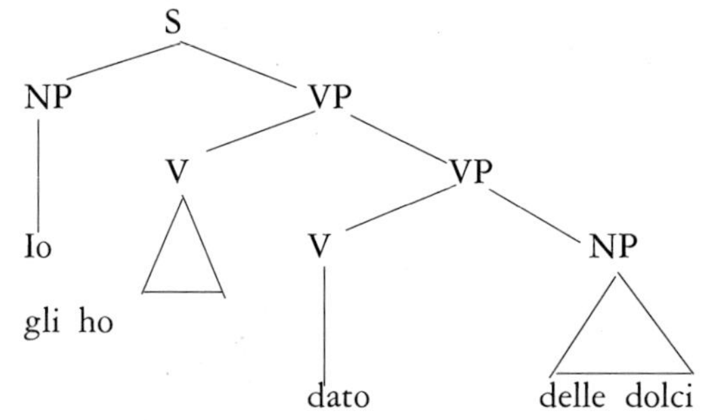

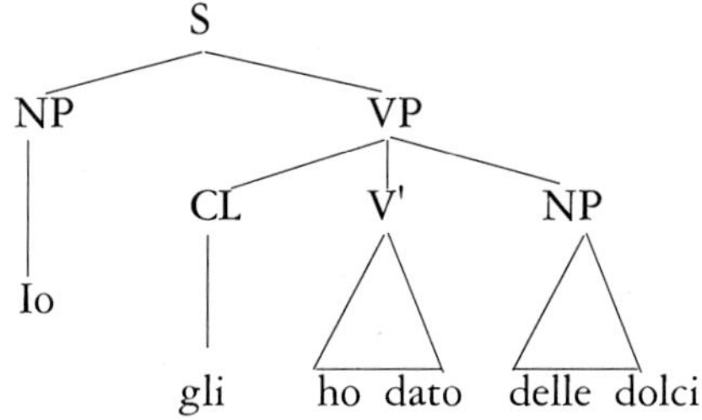

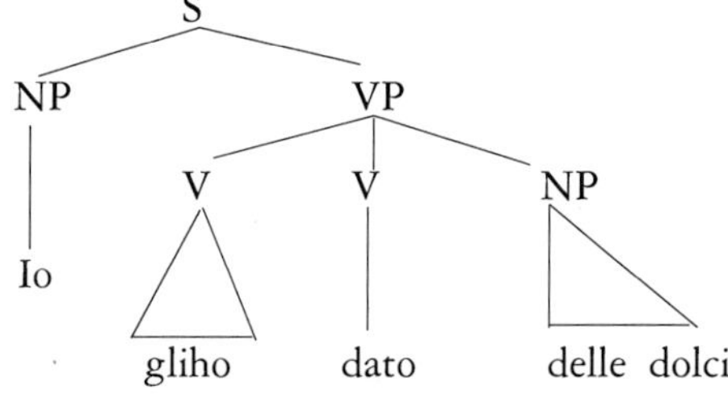

　(247a)는 접어와 첫 번째 동사 요소가 구성 성분(constituent)으로 나타나고, 하위의 VP가 구성 성분으로 나타난다. (247b)는 접어를 독립적인 절점(node)으로 설정하고 있으며, V'와 NP의 자매 관계로 나타나고 있다. 문제는 이탈리아어에서 접어가 숙주어를 동사로 요

구한다는 사실이다. Abeillé & Godard(1994, 1997)는 구성 성분 테스트를 통해서 불어의 동사구가 계층 구조(247a, b)보다는 평면 구성 성분 구조를 가진 것으로 추론한다(247c). 이 연구에서는 (247a)의 구조를 받아들여서 복합 시제의 구조를 설명하겠다. (247c)의 평면 구조를 받아들일 수 없는 이유는 이탈리아어에서는 보조 동사와 과거 분사 사이에 부사가 삽입될 수 있기 때문이다.

(248) a. Ha <u>già</u> chiuso la valigia?

    has(*3, sg*) already closed the traveling bag

    → 벌써 여행용 가방을 닫았나요?

b. Non ho <u>mai</u> visto un film giallo.

    not have(*1, sg*) never seen a film yellow

    → 나는 탐정영화를 결코 본 적이 없다.

c. Marco è <u>appena</u> arrivato da Roma.

    Marco is just arrived from Rome

    → Marco는 로마로부터 막 도착했다.

위에서처럼 부사가 보조 동사와 과거 분사 사이에 흔히 나타난다. 이와 같은 구조를 평면 구조로 설명한다면 부가어(adjunct)인 부사가 보조 동사와 과거 분사와 자매 관계를 이루게 된다.

다음은 시제 보조 동사 *avere*와 *essere*의 사소에 대해서 보기로 하자. *avere*와 결합하는 과거 분사는 주어와 일치가 일어나지 않지만

*essere*와 결합하는 과거 분사는 인칭과 수에서 일치가 일어난다.

(249) a. Loro hanno cantato una canzone italiana.

　　　　they(*3, pl, m*) has(*3, pl*) sung(*sg*) a song italian

　　　　→ 그들은 이탈리아 칸초네를 불렀다.

　　 b. Loro sono venuti alle 4.

　　　　they(*3, pl, m*) are(*3, pl*) come(*pl, m*) at the 4

　　　　→ 그들은 네 시에 왔다.

(249a)에서 주어인 *loro*와 보조 동사 *avere* 사이에 인칭과 수의 일치가 일어나고 있지만 과거 분사와 어떤 일치도 일어나지 않고 있다. 반면에 (249b)에서는 주어인 *loro*와 *essere* 사이에 인칭과 수의 일치도 일어나고, *loro*와 과거 분사 사이에 성과 수에서 일치가 일어나고 있다. 이와 같은 차이점을 각각 사소로 표현하면 아래와 같다.

(250) AVERE(tense auxiliary)

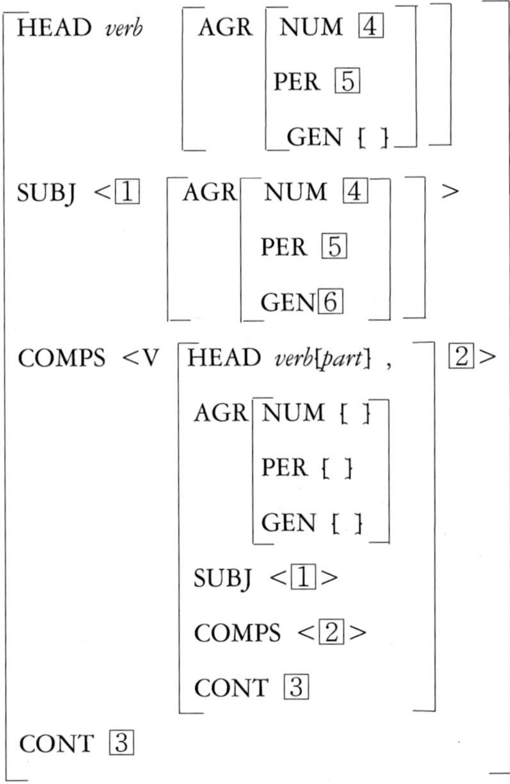

(250)은 *avere*의 사소를 속성값 행렬로 표시한 것으로 주어는 일치 값으로 성, 수 그리고 인칭을 포함하고 있으나 보조 동사 *avere*는 일치 값으로 수와 인칭 값만 가지고 있다. 그리고 과거 분사는 일치 값이 비어 있다. 그리고 과거 분사가 갖는 CONT를 보조 동사는 논항 합성 어휘 규칙에 따라 보조 동사가 그대로 승계한다.

다음은 보조 동사 *essere*의 사소를 보자. 앞에서 언급했듯이 주어와 보조 동사 *essere*의 일치는 주어와 *avere*의 일치와 같으나, 과거 분사가 주어와 성과 수에서 일치되고 있다.

(251) ESSERE(tense auxiliary)

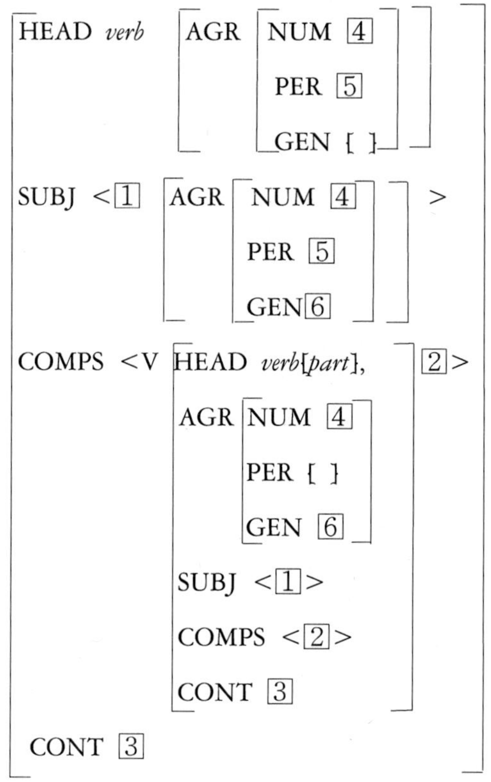

보조 동사 *essere*는 일치 값으로 수와 인칭 값을 가지고 있으며, 과거 분사의 일치 값은 수와 성이다. 앞 4.1.1.3 섹션 (244)에서 동사의 유형 계층 구조를 제안했었다. 거기에서 보조 동사 *essere*와 결합하는 동사는 능격 동사, 재구성 동사, *mov – dir – intr* 동사, *mov – mann – intr* 동사 그리고 *caus – mov – mann – intr* 동사로 구분한 바있다. 이와 같은 동사의 유형이 과거 분사로 나타나며 이 동사들은

항상 일치 값으로 수와 성을 갖는다. 먼저 주어와 정형 동사의 일
치관계를 보자.

(252) 정형 동사 일치 제약

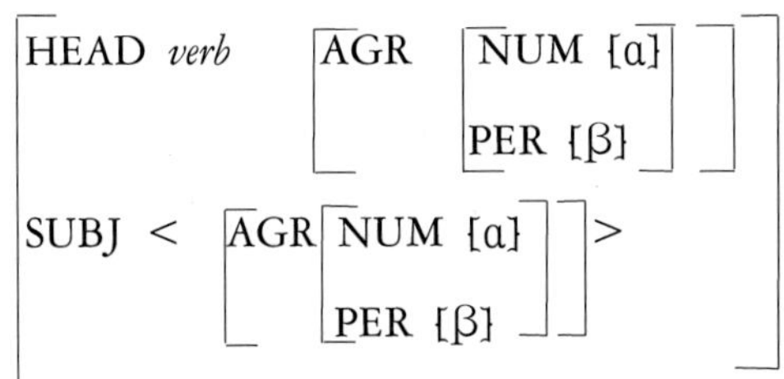

이 규칙에 의해서 주어와 동사의 일치가 설명된다. 주어의 일치
값과 정형 동사의 일치 제약은 같게 된다. 이 규칙을 어길 때는 비
문이 된다.

(253) a. *Loro ha cantato una canzone italiana.

　　　they(*3, pl, m*) has(*3, sg*) sung(*sg*) a song italian

　　　→ 그들은 이탈리아 칸초네를 불렀다.

　　 b. *Loro siete venuti alle 4.

　　　they(*3, pl, m*) are(*2, pl*) come(*pl, m*) at the 4

　　　→ 그들은 네 시에 왔다.

(253a)는 주어와 정형 동사의 인칭과 수가 일치되어야 하는데 수
에서 일치되지 않아 비문이고, (253b)는 주어와 정형 동사의 인칭
이 일치되지 않아 비문이다. 그리고 보조 동사 *essere*를 취하는 동사
는 아래의 (254)의 제약을 따른다.

(254) *essere*와 결합하는 과거 분사의 제약

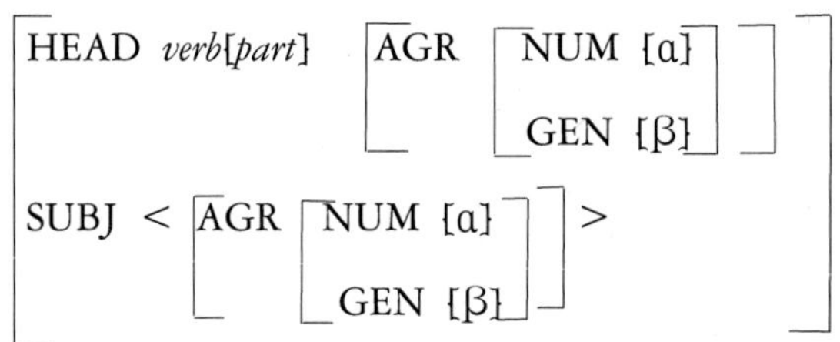

제약: 동사의 과거 분사가 능격 동사, 재구성 동사, *mov − dir −
intr* 동사, *mov − mann − intr* 동사 그리고 *caus − mov − mann − intr* 동
사일 때 일치가 일어난다.

(254)의 어휘규칙으로 주어와 과거 분사의 일치가 수와 성에서
일어난다. 그리고 위의 유형에 속하는 동사(능격 동사, 재구성 동
사, *mov − dir − intr* 동사, *mov − mann − intr* 동사, *caus − mov − mann −
intr* 동사)들은 항상 *essere*를 보조 동사로 요구하며, 주어와 성과 수
의 일치가 일어난다.

(255) a. *Loro sono venuto alle 4.

　　　they(*3, pl, m*) are(*3, pl*) come(*sg, m*) at the 4

　　b. *Giovanni è rollate sul pavimento.

　　　Giovanni(*3, sg, m*) is rolled over(*pl, f*) the pavement

(255a)가 비문인 이유는 *mov − dir − intr* 동사의 유형에 속하는
venire '오다' 동사가 주어와 수가 일치되지 않았기 때문이고, (255b)
가 비문인 이유는 *mov − mann − intr* 동사의 유형에 속하는 *rollare* '구

르다' 동사가 주어와 수와 성이 일치되지 않았기 때문이다.

이 장에서는 다음 장에서 논의할 일치를 위해서 복합 시제의 구조와 *avere*와 *essere*의 어휘 구조를 보았다. 특히 *avere*와 *essere*의 차이점은 논의할 일치에서 중요하기 때문에 중점적으로 다루었다. 이들 보조 동사는 주어와 수와 인칭에서 일치되는 점은 같으나 *essere* 동사는 어휘 구조에서 과거 분사에 나올 수 있는 동사의 유형을 능격 동사, 재구성 동사, *mov−dir−intr* 동사, *mov−mann−intr* 동사 그리고 *caus−mov−mann−intr* 동사로 제한하고 있다. 이들 동사들이 과거 분사일 때는 주어와 성과 수에서 일치를 보이고 있다. 그리고 기타 동사들은 보조 동사를 *avere*로 요구한다는 사실을 어휘 구조에서 달리하고 있다고 보았다.

4.2 일치 자질

일치 자질은 보통 성(gender), 수(number) 그리고 인칭(person)으로 언급되고 있다. 일반적으로 이탈리아어에서의 일치 과정은 통사적으로 요구되며, 자의적으로 할당된 일반 명사의 형태−통사적인 성과 수의 자질과 일치된다. 예를 들면, 명사구 내에서 한정사, 소유사, 몇몇 종류의 양화사 그리고 속성 형용사는 명사와 성과 수에서 일치를 보이고 있다. 명사구 내에서 성과 수의 일치례는 아래와 같다.

(256) Questo nuovo libro.

this(*sg*, *m*) new(*sg*, *m*) libro(*sg*, *m*)　　→ 이 새 책.

위에서 언급된 예는 이탈리아어가 통사적인 성질을 가진 언어이며, 일반 명사에 대해서는 특정한 성이 할당된다는 것을 보여주고 있다. *libro*는 형태-통사적으로 남성이라는 표지(-*o*)를 갖고 있다.

문장 단위에서 주어와 일치하는 요소로는 본동사, 보조 동사, 서술적 형용사 등이 있고, 목적어와 일치하는 요소로는 서술 형용사와 형용사적 첨가어(adjectival adjunct) 등이 있다. 이 장에서는 명사구 내의 일치와 주어와 동사의 일치관계에 대해서 보기로 하겠다.

4.2.1 성

성 일치는 폭넓게 일어나는 현상이다. 형용사는 성이 핵어 명사와 일치된다. 성은 크게 자연성(natural gender)과 문법성(grammatical gender)으로 나눌 수 있다. 아래의 예에서 인칭 대명사(*Francesca, Mario, Lucia*)와 일반 명사(*marito*)는 자연성을 갖는 예이다. 위의 예문에서 *libro*와 같은 일반 명사는 문법성을 갖는 경우이다.

(257) a. Francesca è stanca.

Francesca(*3*, *sg*, *f*) is(*3*, *sg*) tired(*sg*, *f*)

→ Francesca는 피곤하다.

b. Mario è bravo.

Mario(*3, sg, m*) is(*3, sg*) good(*sg, m*)   → Mario는 훌륭하다.

c. Lucia e suo marito sono brasiliani.[40]

Lucia(*3, sg, f*) and her(*3, sg, m*) husband(*sg, m*) are(*3, pl*)

brazilians(*pl, m*)

→ Lucia와 그녀의 남편은 브라질 사람들이다.

형용사는 명사와 일치하여 형태가 선택된다. (257a)에서 *stanca*는 형용사가 여성 인칭 명사 *Francesca*에 의해서, (257b)의 *bravo*는 남성 인칭 명사 *Mario*에 의해서, (257c)의 *brasiliani*는 명사구 *Lucia e suo marito*에 의해서 각각 선택된 것이다. 이탈리아어에서는 성이 남성과 여성 둘로 나타난다.

4.2.2 수

수 일치는 한정사 – 명사 일치 현상이나 형용사 – 명사 일치 현상으로 흔히 나타나고 있다. 또한 주어 – 술어 일치에서도 나타나고 있다.

(258) a. I libri.

the(*pl, m*) books(*pl, m*)   → 책들.

---

40) 남성 명사와 여성 명사가 명사구를 이룰 때 대표성은 남성이다. 예를 들어 *Luciae suo marito sono brasliliane.*는 비적격문이다. 이유는 형용사인 *brasiliano*가 대표성인 남성 복수형(*brasiliani*)이 아닌 여성 복수형(*brasiliane*)으로 나타났기 때문이다.

b. La macchina nuova.

the(*sg*, *f*) car(*sg*, *f*) new(*sg*, *f*)　　　→ 새 차.

c. Le macchine nuove.

the(*pl*, *f*) cars(*pl*, *f*) new(*pl*, *f*)　　→ 새 차들.

위에서 정관사 *I*는 명사 *libri*가 남성 복수이기 때문에 남성 복수 형태로, 형용사 *nuova*는 명사 *macchina*가 여성 단수이기 때문에 여성 단수 형태로, 그리고 *nuove*는 *macchine*가 여성 복수이기 때문에 여성 복수 형태로 일치를 보이는 경우이다.

4.2.3 인칭

이탈리아어에서 인칭은 1, 2, 3인칭 단/복수 체계를 갖추고 있다. 아래의 (253a)는 *tu*가 단수 2인칭이므로 동사가 *canti*(단수 2인칭)로 일치된 경우이며, (253b)는 *noi*가 복수 2인칭이므로 동사가 *andiamo*(복수 1인칭)로 일치된 예이다.

(259) a. Tu canti benissimo.

you(*2*, *sg*) sing(*2*, *sg*) very well

→ 너는 노래를 아주 잘한다.

b. Noi andiamo via domani.

we(*1*, *pl*) go(*1*, *pl*) away tomorrow

→ 우리는 내일 사라질 것이다.

(260) a. Tu ed io non andiamo d'accordo.

You and I not agree(*1, pl*) with

    ➡ 너와 나는 의견이 일치되지 않는다.

b. Noi e loro litighiamo spesso.

We and they fight(*1, pl*) often   ➡ 우리는 종종 싸운다.

c. Voi e i Rossi non potete venire.

You and the Rossi's not can come

    ➡ 너와 Rossi 부부는 올 수 없을 것이다.

위의 예에서는 (260a)는 '너'와 '나'가 있을 때 동사의 굴절이 NP가 출발점이 되어 복수 1인칭이 되는 예이고, (260b)는 '우리'와 '그들'이 있을 때 '우리'가 근원이 되어 일치되는 현상이고, 그리고 (260c)는 '너희'와 '로씨 부부'가 있을 때 '너희'가 근원이 되는 경우이다. 이 예들을 통해서 알 수 있는 것은 의미적인 일치를 보인다는 사실이다.

Benveniste(1992)는 아랍문법학자들이 사용하고 있는 인칭 구별을 받아들여서 1 · 2인칭만을 인칭으로 봐야 된다고 주장하였다. 그에 따르면 1인칭은 말하는 자이고 2인칭은 우리가 말을 건네는 상대방이며 3인칭은 부재자이다. 3인칭은 술어가 발화되기는 하지만 '나 – 너'의 밖에서이라고 적고 있다. 그러한 그의 주장을 받아들여서 1 · 2인칭과 3인칭을 구분하려고 한다. 이유는 이탈리아어에서 1 · 2인칭이 보이는 문법 현상과 3인칭이 보이는 문법 현상이 다르기 때문이기도 하다. 예를 들어서 이탈리아어의 일반적인 비인칭 구문과 비인칭 si 구문에서 술부에 과거 분사나 형용사가 있을 때 항상 남성 복수 형태를 보이고 있다.

(261) Per essere assunti in un impiego statale, è necessario essere immuni da difetti fisici.

to be taken(*pl, m*) as a state employer, it is necessary to be free(*pl, m*) from physic defect

→ 주에 고용되기 위해서, 신체적으로 결점이 없어야 한다.

또 인칭을 달리해서 문법적인 형태에 반영하는 예가 있다.

(262) a. Maria, non ti avevo visto / vista.

Maria, not you(CL)(*2, sg, f*)+had(*1, sg*) seen(*sg, m*) / seen(*sg, f*)

→ Maria야, 너를 보지 못했어.

b. Maria, l'hai vista? (l' = la)

Maria, her(CL)(*3, sg, f*)+have(*1, sg*) seen(*sg, f*)

→ Maria야, 그녀를 보았니?

위에서 보았듯이 1·2인칭은 접어와 과거 분사의 일치에서 수의적인 일치를 보이지만 3인칭은 강제적인 일치를 보인다.

4.3 일치 현상

이탈리아어는 일치 현상이 매우 풍부한 언어이다. 위에서 언급한
일치 자질이 문장에서 어떻게 일치되는지 보기로 하자.[41]

(263) a. Lui canta una canzone italiana.

　　　 he(*3, sg, m*) sing(*3, sg*) a song italian

　　　➡ 그는 이탈리아 칸초네를 부른다.

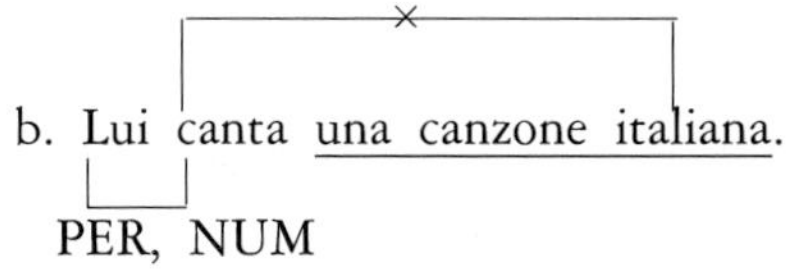

b. Lui canta una canzone italiana.
　　PER, NUM

c.

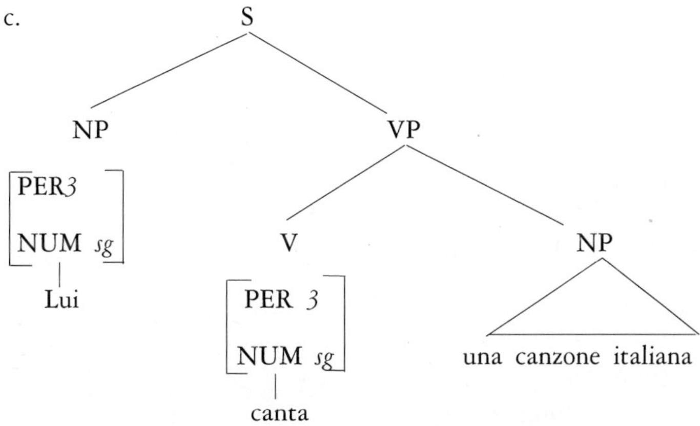

(263)에서 *lui*와 *canta*는 인칭과 수가 일치되고 있다. 그러나 명사

---

41) 일치 자질을 도식으로 표기하기 위해서 인칭은 PER(SON), 수는 NUM(BER) 그리고 성은
　　GEN(DER)로 표기하기로 하겠다.

구 *una canzone italiana*는 어떠한 것과도 일치가 일어나지 않고 있다. 즉 타동사의 목적어인 명사구는 어떤 요소와도 일치되고 있지 않다. 주어와 정형 동사의 일치관계는 앞 섹션에서 기술한 정형 동사 일치 제약으로 설명된다.

(264) 정형 동사 일치 제약 (=252)

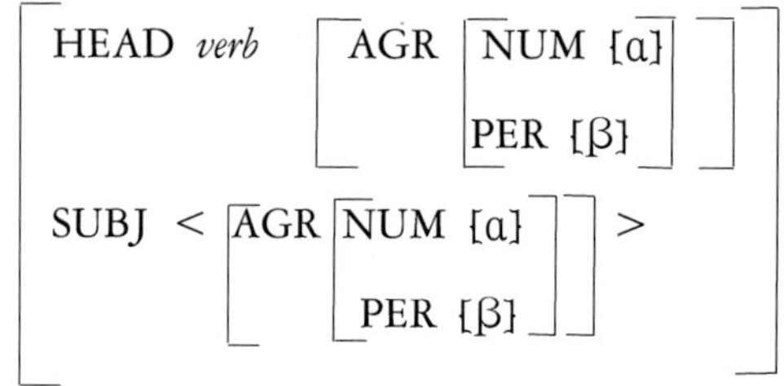

위의 정형 동사 일치 어휘 규칙에 따라서 동사는 주어와 수와 인칭이 일치된다. 모든 정형 동사는 이 규칙에 따른다.

다음은 형용사와 주어의 일치관계를 보자. 서술 형용사는 *essere* 보조 동사와 결합하는 과거 분사처럼 일치관계를 보인다.

(265) a. Tu sei italiana.

you(*2, sg, f*) are(*2, sg*) italian(*sg, f*)

→ 너는 이탈리아 여자이다.

PER, NUM

b. Tu sei italiana.

NUM, GEN

c.

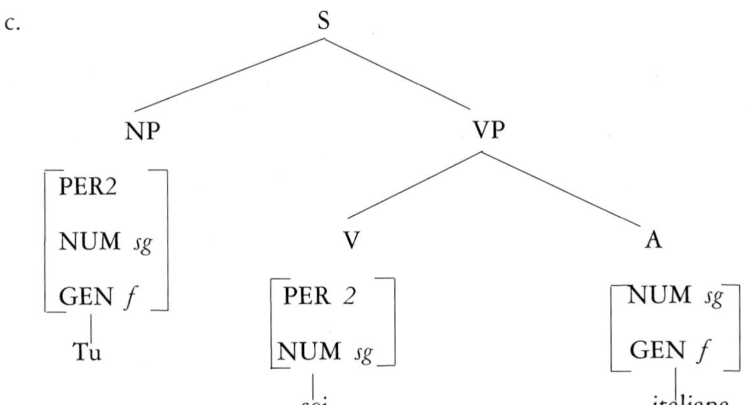

위 (265c)에서 서술 형용사인 *italiana*는 주어 *Tu*와 수와 성이 일
치되고 있다. 이러한 일치관계를 설명하기 위해서 서술 형용사의
어휘 규칙을 가정한다.

(266) 서술 형용사 일치 제약

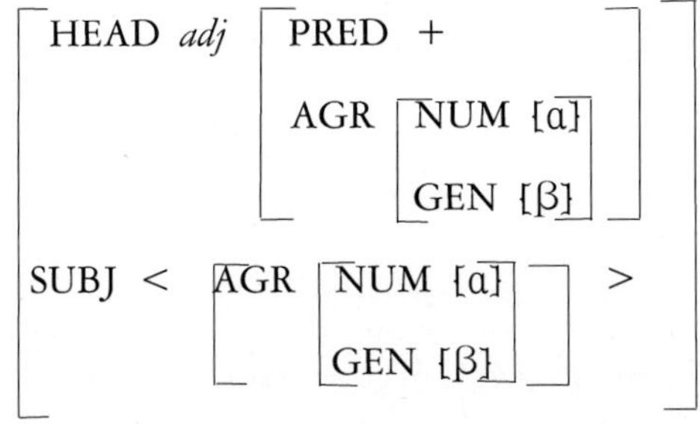

(266)의 일치 제약에 따라서 주어와 형용사가 성·수 일치된다.
이때 형용사는 PRED+값을 가지는 경우로 제한된다.

(267) *Tu sei italiani.

you(*2, sg, f*) are(*2, sg*) italian(*pl, m*)

(267)은 (266)의 서술 형용사 일치 제약을 어기고 있다. 이 규칙은 주어와 형용사가 성・수 일치를 요구하고 있는데 주어는 여성, 단수 값을 가지고 있고, 형용사는 남성, 복수 값을 가지고 있기 때문이다.

(263)에서 보았던 예문을 보조 동사 *avere*가 사용되는 복합 시제로 바꾸면 아래와 같다.

(268) a. Lui ha cantato una canzone italiana.

he(*3, sg, m*) has(*3, sg*) sung(*sg, m*) a song italian

→ 그는 이탈리아 칸초네를 불렀다.

PER, NUM

b. Lui ha cantato una canzone italiana.

(268)에서 보듯이 동사와 명사구가 일치되지는 않고 있다. 8쪽 주 10)에서 언급했듯이 보조 동사 *avere*와 결합하는 과거 분사의 어미가 −*o*로 끝났을 경우 남성형이지만 주어가 남성이나 여성이나 상관없이 −o의 형태라고 하는 것은 중성이다. 앞으로는 *avere*와 결합하는 과거 분사의 어미 −*o*를 중성(netral gender)의 첫 글자를 따서 *n*이라고 부르겠다. (268)의 일치 값을 다시 적으면 아래와 같다.

(269) he(*3, sg, m*) has(*3, sg*) sung(*sg,n*) a song italian

(269)의 일치 값에서 과거 분사의 *sg*도 무표화된 값이라는 사실을
알 수가 있다. 다시 (269)를 수형도로 그리면 아래와 같다.

(270)

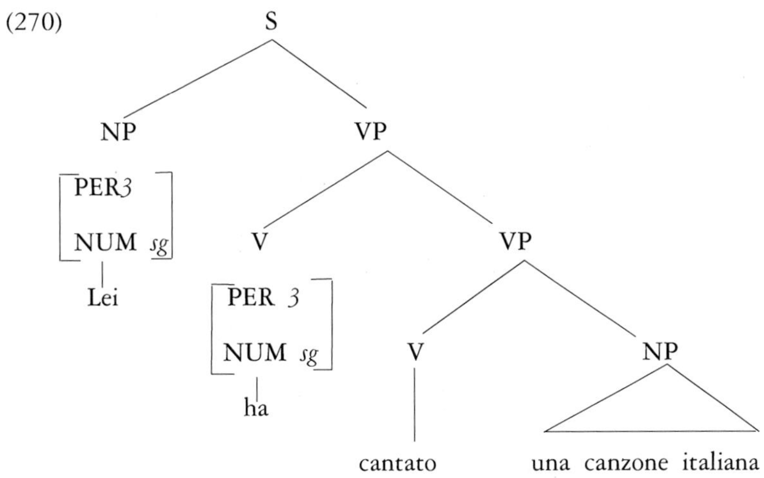

(270)에서 알 수 있듯이 보조 동사가 *avere*로 사용되는 구문에서
보이는 일치 현상은 주어와 보조 동사의 일치는 인칭과 수만 일치
된다.

다음은 보조 동사 *essere*가 사용되는 복합 시제를 보기로 하자.
4.1.2 섹션에서 언급했듯이 *essere*가 사용되는 복합 시제에서는 주어
와 정형 동사의 일치뿐만 아니라 주어와 과거 분사의 일치가 일어
난다.

(271) a. Lei è venuta tardi.

  she(*3, sg, f*) be(*3, sg*) come(*sg, f*) late

  ➜ 그녀는 늦게 왔다.

  PER, NUM

  b. Lei è venuta tardi.

  NUM, GEN

c.

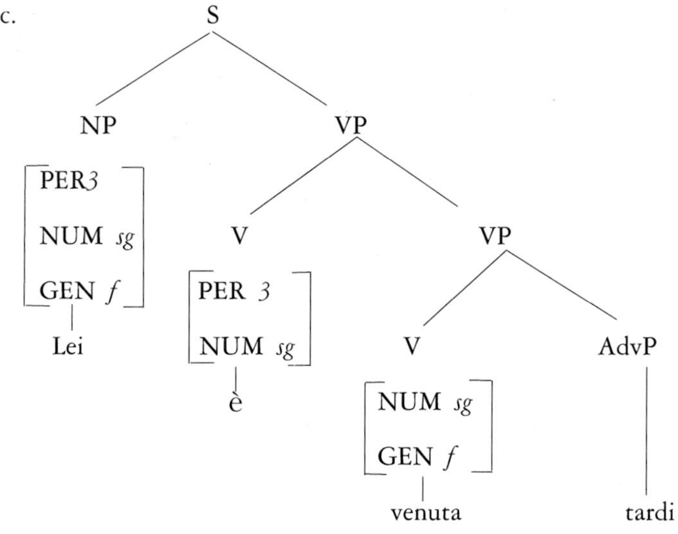

(265)에서 주어와 동사의 일치는 정형 동사 어휘 규칙에 의해서 주어와 동사가 인칭과 수가 일치되고 주어와 과거 분사의 일치는 (248)의 *essere*와 결합하는 과거 분사 어휘 규칙에 따라서 일치된다.

이 연구의 4.1.1.3장 동사의 유형 계층을 다룬 부분에서 *essere*와 결합하는 동사의 유형이 능격 동사, 재구성 동사, 내재적으로 방향을 명시하는 동사, 이동 양태를 명시하는 동사가 있다는 것을 제시

한 바 있다. 그러나 위에서 기술했던 현상들과 달리 접어화가 일어
나면 일치 현상이 바뀌는 현상이 있다.

접어와 일치

1. 직접 목적 접어와 분사의 일치

복합 시제에서 동사가 직접 목적어를 취할 때 동사와 직접 목적
어 사이에 어떤 일치관계도 없었다. 하지만 직접 목적어가 접어화
되어 직접 목적 접어로 나타날 때 직접 목적 접어와 동사 사이에
일치 현상이 일어난다.

(272) a. **L'ho** incontrato ieri. (L' = lo)

      NUM, GEN

      him(CL)(*3, sg, m*) + have(*1, sg*) met(*sg, m*) yesterday

      → 그를 어제 만났다.

    b. **Li** ho incontrati ieri.

      NUM, GEN

      them(CL)(*3, pl, m*) + have(*1, sg*) met(*pl, m*) yesterday

      → 그를 어제 만났다.

직접 목적 접어가 3인칭일 때는 직접 목적 접어와 과거 분사의
일치가 필수적이다. 그러나 이 일치관계를 어겼을 때는 아래 문장
처럼 비문이다.

(273) a. *L'ho incontrato ieri. (L' = la)

him(CL)(*3, sg, f*) + have(*1, sg*) met(*sg, m*) yesterday

b. *Le ho incontrati ieri.

them(CL)(*3, pl, f*) + have(*1, sg*) met(*pl, m*) yesterday

(273a)의 직접 목적 접어는 일치 값이 3인칭, 단수, 여성인데 과거 분사의 값이 단수, 남성이어서 충돌(conflict)이 일어나서 비문이고, (267b)의 직접 목적 접어는 3인칭, 복수, 여성인데 과거 분사의 값이 복수, 남성이어서 비문이다.

(274) a. Maria, non ti avevo visto/a.

Maria, not you(CL)(*2, sg, f*) + have(*1, sg*) seen(*sg,n*)/seen(*sg, f*)

→ Maria야, 너를 보지 못했어.

NUM

b. Maria, non **ti** avevo visto / **a**.
NUM, GEN

(275) a. Perché non **mi** hai incontrato?

why not me(CL)(*1, sg, m*) + have(*2, sg*) met(*sg, m*)

→ 왜 나를 만나지 않았니?

b. Perché non **mi** hai incontrato?
NUM, GEN

접어가 3인칭일 때와는 달리 1인칭이나 2인칭일 때는 과거 분사

와의 일치가 수의적(optional)이다(274, 275). (274)는 접어와 관계가
있는 사람이 여자일 때 과거 분사가 중성 단수 형태를 취하거나 여
성 단수 형태를 취하는 경우이다. (275)는 접어와 관계가 있는 사람
이 남성일 때는 과거 분사가 남성 형태로만 나타난다.

2. 비인칭 접어 *si*와 술어의 일치

비인칭 문장이 접어화되면 원래 보조 동사 *essere*를 취하던 구문의
과거 분사는 남성 복수 형태를 취하게 된다.

(276) La gente è partita.

    the people(*3, sg, f*) is(*3, sg*) left(*sg, f*) ➔ 사람들은 떠난다.

(277) a. Si è partiti.

    one(CL)(*3,m*) + is(*3, sg*) left(*pl, m*) ➔ 사람들은 떠난다.

    PER

   b. Si è partiti.

    NUM

비인칭 접어 *si*와 *essere* 동사는 인칭이 일치된다. 그렇다면 비인칭
접어와 과거 분사는 수만 일치된다. (276)과 (277)의 차이에서 알
수 있듯이 과거 분사의 일치 자질 값이 여성 단수에서 남성 복수로
바뀐다. 이런 자질 값의 변화는 비인칭 접어화가 일어나면서 나타
나는 현상임에 틀림없다.

(278) *Si è partito.

one(CL)(*3*,*m*) + is(*3*, *sg*) left(*sg*, *m*)   → 사람들은 떠난다.'

비인칭 접어 구문에서 과거 분사가 남성 복수여야 되는데 수가
일치되지 않아서 비문이다.

과거 분사와 마찬가지로 형용사도 값이 남성, 복수이길 요구한다.

(279) a. **Si vive** contenti.

one(CL)(*3*,*m*) + live(*3*, *sg*) happy(*pl*, *m*)

→ 사람들은 행복하게 산다.

PER
┌──┐
b. **Si vive** contenti.
└────────┘
GEN

(280) *Si vive contento.

one(CL)(*3*) + live(*3*, *sg*) happy(*sg*, *m*)

위의 예문에서 형용사가 복수의 값을 가져야 되는데 단수의 값을
가져서 비문이다. (278)과 (280)에서 알 수 있는 사실은 비인칭 접어
구문에서 접어 *si*와 과거 분사의 형태가 일치관계에 있다는 사실이
다. 비인칭 접어 *si*와 *essere* 동사는 인칭이 일치되고, 비인칭 접어와
과거 분사 또는 형용사는 성이 일치되고, *essere*와 결합하는 과거 분
사 또는 형용사는 내정 값으로 일치 값 수를 갖는다고 추론한다.

3. 재귀 접어와 일치

재귀 접어는 타동사와 결합하기 때문에 동사의 유형 계층에 의하면 *avere*와 결합해야 한다. 그러나 부정형 동사와 결합할 때만 보조 동사로 *avere*를 취할 뿐 접어 상승이 일어나면 보조 동사로 *essere*를 취한다.

(281) a. **Maria ha** dovuto alzarsi presto.

       Maria(*3, sg, f*) has(*3, sg*) must(*sg, m*) wake up +

       herslef(CL)(*3, sg*) early

       → Maria는 일찍 일어나야만 했다.

       PER, NUM

   b. **Maria ha** dovuto alzarsi presto.

       PER, NUM

(282) a. **Maria si è** dovuta alzare presto.

       Maria(*3, sg, f*) herself(CL)(*3, sg*) + is(*3, sg*) must(*sg, f*) wake

       up early

       → Maria는 일찍 일어나야만 했다.

       PER, NUM

   b. **Maria si è** dovuta alzare presto.

       PER, NUM

       PER, NUM, GEN

재귀 접어 *si*가 부정형 동사와 결합했을 때 보조 동사가 *avere*이며 재구성 동사 *dovuto*는 남성 단수 형태이지만 접어 *si*가 상승해서 정형 동사 앞에 나타나면 재구성 동사는 여성 단수 형태 *dovuta*로 일치된다. 지금까지 본 예를 통해서 알 수 있는 것은 접어가 일치와 관계가 있다는 사실과 접어의 일치 자질이 있다는 것이다.

동사가 명사구를 보어로 가지는 예로, 이 명사구와 과거 분사가 일치된다.

(283) a. Egli **si** è bevuta <u>una bottiglia di birra</u>.

he(*3, sg, f*) himself(CL)(*3, sg*) + is(*3, sg*) drunken(*sg, f*) <u>a</u> <u>bottle of beer</u>(*sg, f*)

→ 그는 그 자신이 한 병의 맥주를 마셨다.

b. Egli **si** è bevuta <u>una bottiglia di birra</u>.
NUM, GEN

(284) a. Io oggi **mi** sono comprati <u>tanti dei libri</u>.

I today myself(CL) + was bouht(*pl, m*) many(*pl, m*) of books(*pl, m*)

→ 나는 오늘 나 자신이 책들 중에서 많은 책을 샀다.

b. Il bambino **si** è mangiate <u>tutte le mele</u>.

the boy himself(CL) + is eaten(*pl, f*) all(*pl, f*) the apples(*pl, f*)

→ 그 아이는 사과를 전부 먹었다

(284)의 예 역시 (283)의 예처럼 명사구와 과거 분사가 일치된다.

지금까지 이탈리아어에서 나타난 일치 현상을 요약하면 다음과
같다.

1. 주어와 동사의 일치관계에서 나타나는 일치 자질은 성과 수이다.
2. *essere* 동사 뒤에 형용사나 과거 분사가 왔을 때 주어와 성, 수
   와 인칭이 일치한다.
3. 직접 목적 접어와 과거 분사의 일치에 관계하는 자질은 성과
   수이다. 직접 목적 접어가 3인칭일 때 과거 분사와 일치는 필
   수적이지만 1, 2인칭일 때 과거 분사와 일치는 수의적이다.
4. 복합 시제에서 비인칭 접어는 보조 동사 *essere*와 인칭에서 일
   치하며, 과거 분사와는 성과 수가 일치한다.
5. 복합 시제에서 재귀 접어가 상승했을 때 재귀 접어는 주어와
   인칭과 수가 일치하며, 과거 분사와는 인칭, 성, 수가 일치한다.

우리는 접어와 일치에 관한 현상을 설명하기 위해서 형태 – 통사
적 상호작용을 통해서 어떻게 분석할 수 있는지 보기로 하겠다.

4.4 접어와 일치의 HPSG 분석

Kathol(1997)은 선택자 범주는 선택된 범주에 명세된 것과 공변
동(covariation)하는 모든 정보를 포함하고 있으며, 핵에 자질 AGR
정보를 표시한다. 다양한 출발점에 의해서 기여되는 정보의 융합을
포함하는 현상으로 일치를 다룬다. 그가 일치를 다루기 위해서 도

시적으로 제시한 원리를 보기로 하자. ' / '는 선택자 범주에 있는
값을 뜻한다.

(285)

a.   x   b.   xF: $\boxed{1}$

     x/ y{F: $\boxed{1}$}   y{F: $\boxed{1}$}   x{F: $\boxed{1}$}/ y{F: $\boxed{1}$'} y{F: $\boxed{1}$'}

위에서 F는 일치 자질이다. (285a)는 지표가 대상체에 고정되는
순수 의미적인 조건이다. 이 조건은 일치가 어떤 선택자가 자신의
논항에 있어야 되는 값을 요구하는지를 호환성 점검한다. 통합의
결과로 대상체는 어머니 범주(mother category)에 기록되지 않는다.
그러나 이 정보는 의미적인 표시에서 유지된다. (285b)는 선택 범
주가 자신의 형태론과 선택된 범주의 형태론을 $\boxed{1}$과 $\boxed{1}$'로 기록한
다. 전형적인 일치례에서 두 태그는 동일하며 선택자 범주 내에서
명시적으로 정보 공유의 결과를 낳는다. 그리고 일치 정보는
HEAD에 명시된다. 이 원리의 장점은 어떤 종류의 자질이 어떤 범
주에 포함되는지와 일치 자질의 공변동을 기술할 수 있다.

우리는 여기에서 그가 제시한 분석틀을 변형시켜서 사용할 것이
다. 앞 장에서 언급했던 구조와 일관성을 유지하기 위해서이고, 영
어를 분석하는 그의 방법에서 HEAD의 AGR이 PER(인칭)와 NUM
(수) 값만을 가지기 때문이다. 접어가 있는 복합 시제를 다루기 위
해서는 AGR이 PER, NUM 그리고 GEN(성: 자연성 또는 문법성)
의 값을 요구한다. 먼저 *camminare* '걷다'의 어휘 항목을 보기로 하
자. 아래의 예는 간략하게 기술한 것이다.

(286) 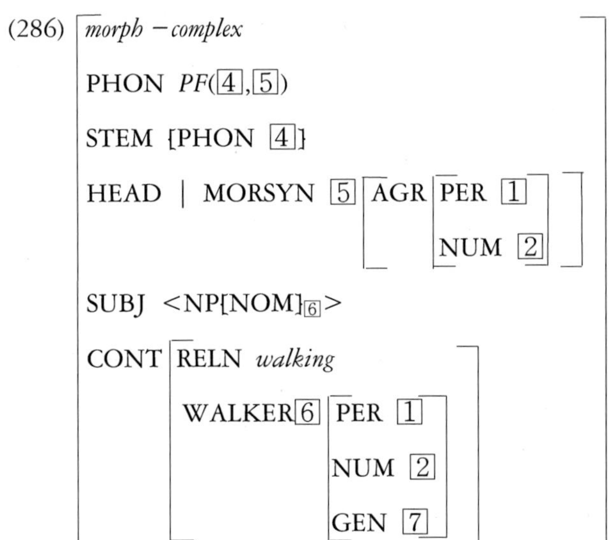

그가 MORSYN을 가정한 것은 일치 현상을 형태–통사적으로 설명하기 위해서이다. MORSYN은 AGR을 값을 가지며 AGR은 PER와 NUM의 값을 갖는다. 음운론의 어휘 항목은 입력 매개변항(input parameter)의 하나로서 MORSYN의 정보를 가지는 기능에 의해서 획득된다. 즉 AGR의 값과 PHON의 값은 체계적인 관계(systematic relation)를 갖는다.

다음은 논항을 두 개 취하는 동사 lavere '씻다'를 보기로 하자.

(287) 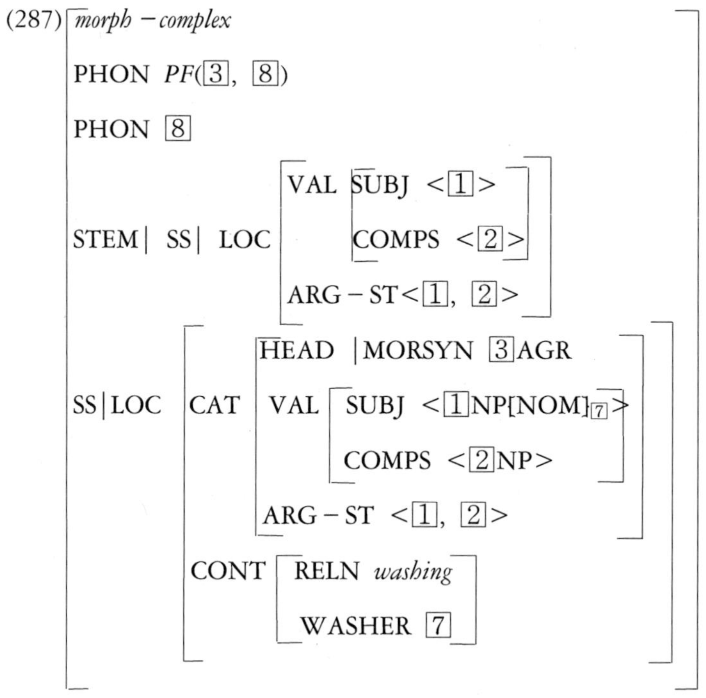

이 연구의 2장과 3장에서 이탈리아어의 접어를 어미 성질의 접어, 단어 성질의 접어와 음운적으로 홀로 설 수 없는 구인 *loro*로 구분하였다. 접어와 일치관계를 가진 그룹은 단어 성질의 접어이다.

여기에서는 접어와 일치관계를 다루고자 한다. 접어 자체가 어휘의 핵에 일치 자질(AGR, PER, NUM)을 가지고 있다고 가정한다. 이러한 가정 아래 접어가 어떻게 어휘적으로 실현되는지 보겠다.

4.4.1 직접 목적 접어와 분사의 일치

이탈리아어의 직접 목적 접어는 과거 분사와 일치가 일어난다. 3
인칭 목적 접어는 강제적으로 일치가 일어나지만 1, 2인칭 직접 목
적 접어는 수의적으로 일어난다.

(288) a. Ho voluto una birra fresca.

     have(*1, sg*) wanted(*sg,n*) a fresh beer

     → 나는 시원한 맥주를 원했다.

   b. L'ho voluta fresca. (l' = la)

     it(CL)(*3, sg, f*) + have(*1, sg*) wanted(*sg, f*) fresh(*sg, f*)

     → 나는 시원한 그것을 원했다.

     NUM, PER

(289) L'ho voluta fresca.
     NUM, PER

(288a)에서 과거 분사 *voluto*는 명사구 *una birra fresca*와 어떤 일치
도 보이지 않고 있다. 그러나 (288b)처럼 접어화되었을 때 접어 *la*와
*voluta*가 일치되고 있고, 또 *voluta*와 *fresca*가 일치되고 있다. (288b)를
도식과 수형도(tree diagram)로 나타내면 다음과 같다.

(290)

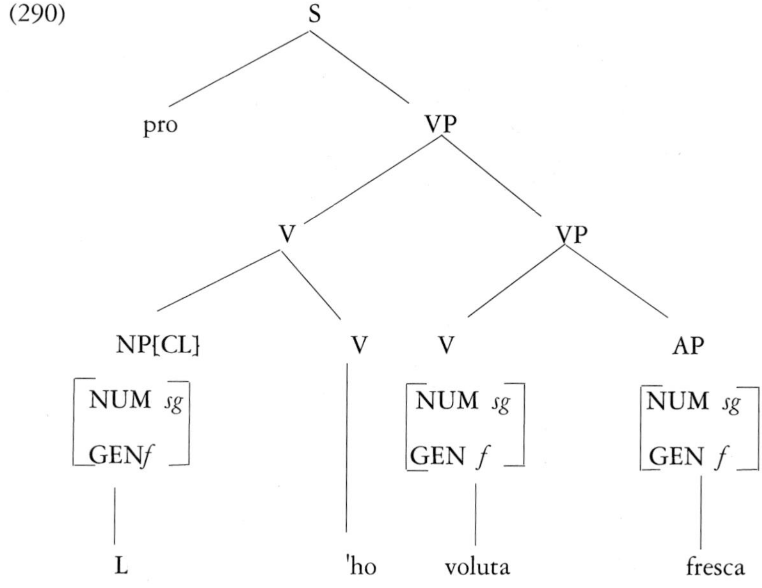

(290)에서 직접 목적 접어 *la*는 과거 분사 *voluta*와 수와 성이 일치되고, 과거 분사 *voluta*와 형용사 *fresca*도 수와 성이 일치되고 있다.

접어 구문에서 과거 분사와 형용사의 일치는 (291)의 제약에 따른다.

(291) 접어 구문에서 과거 분사와 형용사의 일치 제약

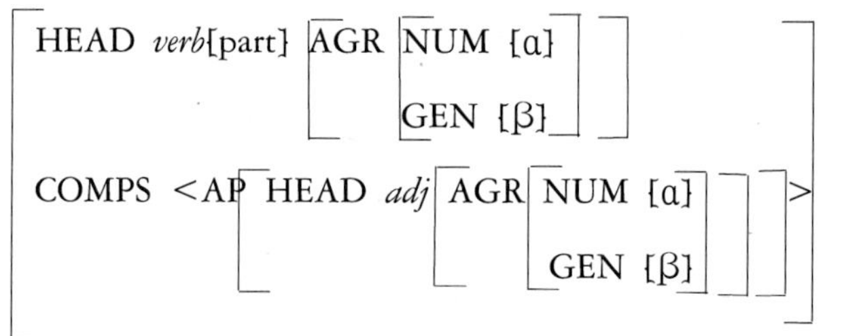

(291)의 제약으로 과거 분사 *voluta*와 형용사 *fresca*가 수와 성이

일치된다.

(292) a. *L'ho voluto fresca. (l' = la)

it(CL)(*3, sg, f*) + have(*1, sg*) wanted(*sg, m*) fresh(*sg, f*)

b. *L'ho voluta fresco. (l' = la)

it(CL)(*3, sg, f*) + have(*1, sg*) wanted(*sg, f*) fresh(*sg, m*)

(292a)는 접어와 과거 분사의 일치를 어겨서 비문이고, (292b)는 (291)의 접어 구문에서 과거 분사와 형용사의 일치를 어겨서 비문이다. 즉 (292a)는 직접 목적 접어와 과거 분사의 성이 다르기 때문에 비문이 되었고, (292b)는 과거 분사와 형용사의 성이 다르기 때문에 비문이 되었다.

다음은 2인칭 직접 목적 접어의 예를 보자. 이탈리아어에서 직접 목적 접어 1, 2인칭은 과거 분사와 수의적인 일치를 보인다.

(293) a. Maria, perché non **mi** hai salutato / a?

Maria, why not me(CL)(*1, sg, f*) + have(*2, sg*) greeted(*sg,n*) / (*sg, f*)

➤ Maria야, 왜 너 나에게 인사하지 않았니?

b. Maria, perché non **ci** hai salutato / e?

Maria, why not us(CL)(*1, pl, f*) + have(*2, sg*) greeted(*sg,n*) / (*pl, f*)

➤ Maria야, 왜 너 나에게 인사하지 않았니?

(293a)에서는 접어 *mi*가 1인칭 단수 여성일 때 과거 분사 *salutato*

가 올 수도 있고 *salutata*도 올 수 있다. 그리고 (293b)에서는 ci가 1
인칭 복수일 때 과거 분사 *salutato*가 올 수도 있고 *salutate*도 올 수
있다. (293b)에서 알 수 있는 사실은 3인칭 목적 접어(*lo, la, li, le*)
가 있을 때는 분사와 일치가 강제적이나, 1인칭이나 2인칭 일 때는
일치가 수의적으로 일어난다(293).

1인칭이나 2인칭과 과거 분사의 일치가 일어날 때는 다른 일치
와 마찬가지로 수와 인칭만 일치된다. 일치가 일어나지 않을 때는
과거 분사의 어미 −*o*는 일치 자질을 갖고 있지 않는 중성이다.

4.4.2 비인칭 접어 *si*와 술어의 일치

이탈리아어에서 비인칭 접어 *si*는 술어 형용사 또는 과거 분사와
일치가 일어난다. 우리는 2장에서 현재 시제에서 수동태 구문에서
수동 분사 그리고 근과거 시제에서 보조 동사 *essere*와 결합하는 과
거 분사가 아래와 같이 비인칭 구문에서 나타나는 현상을 기술한
적이 있다[42].

(294) a. **Si** è capiti. (수동태 현재 비인칭 구문)

　　　　one(CL)($3,m$) + is understood(pl, m) → 사람들은 이해된다.

　　 b. **Si** è partiti. (능동태 근과거 비인칭 구문)

　　　　one(CL)($3,m$) + is left(pl, m) → 사람들은 떠났다.

---

42) 14쪽 각주 13) 재인용.

그리고 4.1.1.3절 동사의 유형 계층을 다루면서 복합 시제에서 보조 동사 *essere*와 결합할 수 있는 동사의 유형이 능격 동사, 재구성 동사, *mov−dir−intr* 동사, *mov−mann−intr* 동사 그리고 *caus−mov−mann−intr* 동사로 밝힌 바 있다.

(294a)를 수형도로 나타내면 아래와 같다.

(295)

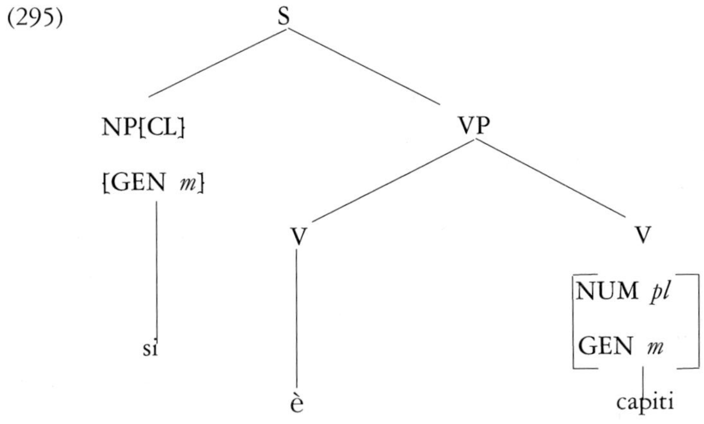

비인칭 접어 *si*와 *è*는 인칭이 일치되고, 비인칭 접어 *si*와 수동 분사는 성이 일치된다. 그리고 수동 분사는 내정 값으로 수를 복수로 갖는다.

근과거 시제에서 *essere*와 결합하는 과거 분사, 계사와 결합하는 형용사 그리고 수동 분사는 접어화가 일어나면 AGR 값으로 (296)의 구조를 갖는다고 본다.

(296) $\begin{bmatrix} \text{AGR} \begin{bmatrix} \text{NUM } pl \\ \text{GEN } m \end{bmatrix} \end{bmatrix}$

(297) *Si **è** partito.

　　　 one(CL)(*3,m*) + is(*3, sg*) left(*sg, m*)

위의 (297)은 (296)의 일치 자질 중에서 수가 일치되지 않아서 비문이 되었다.

4.4.3 재귀 접어와 일치

재귀 접어가 부정사와 결합되어 있을 때는 보조 동사가 *avere*이지만 접어 상승이 일어나면 보조 동사 *essere*를 취한다.

(298) a. **Maria ha** dovuto alzarsi presto.

　　　　 Maria(*3, sg, f*) has(*3, sg*) must(*sg,n*) wake up + herslef(CL)(*3, sg*) early

　　　　 ⇀ Maria는 일찍 일어나야만 했다.

　　　　 PER, NUM

　　 b. **Maria ha** dovuto alzarsi presto.

　　　　 PER, NUM

　　　　 PER, NUM

(298)에서는 인칭과 수의 일치만 일어난다. 그러나 접어화가 일

어나면 다른 일치 현상을 보인다.

(299) a. **Maria si è** dovuta alzare presto.

Maria(*3, sg, f*) herself(CL)(*3, sg*) + is(*3, sg*) must(*sg, f*) wake

up early

➤ Maria는 일찍 일어나야만 했다.

PER, NUM

b. **Maria si è** dovuta alzare presto.

NUM, GEN

PER, NUM

(298)는 일치가 인칭과 수에서만 나타나지만, (299)처럼 재귀 접어화가 일어나면 주어와 과거 분사 사이에 수와 성에서 일치가 일어난다. 재귀 접어화가 일어나기 전에는 주어와 과거 분사 사이에 일어나는 일치는 인칭과 수에서 나타났지만 이 현상은 재귀 접어가 상승되었을 때 보조 동사 *essere*를 요구하며 과거 분사는 주어와 수, 인칭이 일치된다. 이러한 일치 현상을 수형도로 나타내면 아래와 같다.

(300)

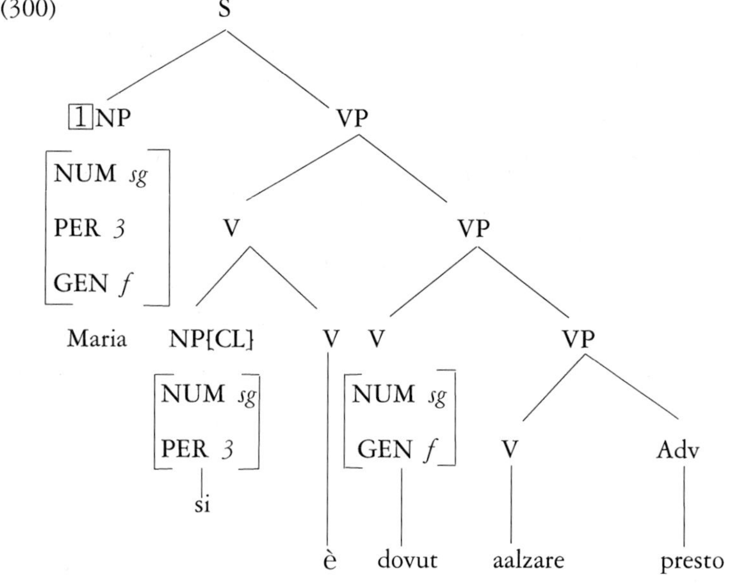

이러한 재귀 접어가 간접 목적어의 기능을 하고 직접 목적어 자리에 명사구가 나올 때 과거 분사는 직접 목적어와 일치된다.

(301) a. Egli **si** è bevuta <u>una bottiglia di birra.</u>

  he himself(CL) + is drunken(*sg*, *f*) a bottle of beer

  → 그는 그 자신이 한 병의 맥주를 마셨다.

  b. Io oggi **mi** sono comprati <u>tanti dei libri.</u>

  I today myself(CL) + was bouht(*pl*, *m*) many of books(*pl*, *m*)

  → 나는 오늘 나 자신이 책들 중에서 많은 책을 샀다.

  c. Il bambino **si** è mangiate <u>tutte le mele.</u>

  the boy himself(CL) + is eaten(*pl*, *f*) all the apples(*pl*, *f*)

  → 그 아이 자신이 모든 사과를 먹었다.

위의 일치는 일치의 출발점이 동사구 내의 명사구이고 목표가
분사로 일치되는 경우이다.

(302) $\begin{bmatrix} \text{HEAD} | \quad \text{AGR} \boxed{3} \\ \text{COMPS} \quad <\text{NP[AGR}\boxed{3}]> \end{bmatrix}$

위와 같은 구조로 동사와 명사구의 일치를 설명할 수 있다.

4.5 결론

이 장에서는 일치를 설명하기 위해서 일치가 일어나는 일반적인
현상과 접어와 과거 분사의 일치를 보았다. 일치를 설명하기 위해
서 복합 시제에서 *avere*와 *essere*를 선택하는 동사의 유형을 구분하였
다. 그리고 Kathol(1997)의 제안을 받아들여 HEAD 값에 NUM,
PER 그리고 GEN을 상정하였다. 그리고 접어와 일치를 설명하기
위해서 접어의 HEAD 값에 일치 자질이 있다고 추론하고 일치가
어떻게 설명될 수 있는지 보았다.

결 론

접어를 단어로 분석해야 하느냐 아니면 굴절 어미(inflectional affix)로 분석해야 하느냐 하는 것은 형태론 분야나 통사론 분야에서 현대 언어학의 중요한 논쟁거리가 되고 있다. 이 연구에서는 이탈리아어의 접어가 어미의 속성을 보이는 그룹과 단어의 속성을 보이는 그룹, 그리고 숙주어로서 동사를 원한다는 것 이외에 구와 큰 차이가 없는 *loro*를 구분시켰다. 이러한 속성들을 형태−통사부의 상호작용으로 보고 HPSG 이론 내에서 어떻게 설명할 수 있는지를 시도했다.

접어는 이탈리아어 전통 문법에서 직접 목적·간접 목적 대명사의 약형, 비인칭 *si*, 수동화 *si*, 장소 부사 *ci*, *vi* 그리고 부분 대명사 *ne* 등은 음운적인 독립성이 없으면서도 단어처럼 독립된 형태로 간주되고 있고, 재귀사 *si* 또는 대명 동사 *si*는 동사의 결합된 형태로 굴절 어미처럼 사용되고 있다. 이 연구에서 밝힌 것은 접어를 속성에 따라서 구분을 해야 한다는 것이다. 밝혀진 결과에 의하면 내재 재귀 접어, 능격 접어, 중간태 접어는 굴절 어미의 속성을 가지고 있고, 직접 목적 접어, 간접 목적 접어, 재귀 접어, 비인칭 접어, 부분 접어, 장소 부사 접어는 단어의 속성을 가진 것으로 나타났다. 그리고 *loro*는 다른 접어와 달리 2음절이고, 숙주어를 필요로 하며, 전접어로 나타난다.

그리고 접어들 사이의 어순을 설명하기 위해서 템플릿의 슬롯을 총 다섯 개로 제안을 하고 다른 슬롯과 달리 1슬롯은 제약을 두어 같은 슬롯 안에서 접어 클러스터가 나올 수 있다고 제안했다.

일치에서는 이탈리아어에서 나타나는 다양한 일치관계를 점검해 보고 일치가 어떻게 이루어지는지 설명해 보았다. 또한 접어와 일치관계에서는 접어가 일치시키는 자질을 가지고 있는 것으로 보고 분사와의 일치를 설명해 보았다. 접어와 일치관계에서는 재귀사 *si* 와 비인칭 *si* 그리고 직접 목적 접어만을 보았다. 일치 자질에 대한 소개와 분석 방법을 위해서 형태-통사부의 상호작용으로 설명을 시도해 보았다.

접어와 과거 분사의 일치를 설명하기 위해서 보조 동사(auxiliary)와 재구성 동사(restructuring verb) 그리고 복합 술어(complex predicate) 의 현상을 보았다. 이러한 작업은 통합에 의해서 이루어지며 복사 (copying)나, 일치의 방향성(directionality) 없이 자질 명시를 통한 일치를 설명했다.

접어는 일치와 깊은 관련성을 맺고 있는 것으로 드러났다. 복합 시제에서 접어화가 일어나면 일치 현상이 달라지는 것을 밝혀냈다. 접어와 일치 현상을 나타내는 것은 재귀 접어 *si*가 있는 복합 구문 에서 숙주어가 본동사일 때는 보조 동사 *avere*를 취하고, 접어 상승

(clitic climbing)이 있을 때는 보조 동사 *essere*를 항상 취하면서 과거 분사와 일치 현상을 보이고 있다. 직접 목적 접어가 단복수 1, 2인 칭일 때는 일치가 수의적으로 일어나지만 3인칭일 때는 강제적으로 일치되었다. 또한 비인칭 접어와 술어의 형용사나 과거 분사의 일치도 이탈리아어에서 나타나고 있다. 이와 같은 일치 현상은 접어가 가지고 있는 중요한 속성 중의 하나임에 틀림없다.

이 연구의 중요한 의의는 이탈리아어 접어의 속성에 따라서 접어를 분류해서 분석한 데 있다. 결과적으로 접사로 분석하려는 최근의 시도에 문제가 있음을 지적하고 있다. 그리고 접어들 사이에 나타나는 어순을 설명하기 위해서 새로운 템플릿을 제안함으로써 기존 분석에서 나타나는 문제를 해결했다. 또한 지금까지 접어에 대한 연구는 한정적으로 진행되어 왔으나 표준 이탈리아어에서 나타나고 있는 모든 접어를 연구 대상으로 삼았으며, 접어가 가지고 있는 속성 중 하나가 일치 자질이라는 새로운 제안을 했다.

1. ce la

  OI + ODce la danno

  OIR + ODce la spediamo

  loc. + ODce la mettono

2. ce le

  OI + ODce la danno

  OIR + ODce la spediamo

  loc. + ODce la mettono

3. ce li

  OI + ODce li danno

  OIR + ODce li spediamo

  loc. + ODce li mettono

4. ce lo

OI + ODce lo danno

OIR + ODce lo spediamo

loc. + ODce lo mettono

5. ce ne

OD + nece ne separono

ODR + nece ne separiamo

OI + nece ne parlano

OIR + nece ne spediamo uno

loc. + nece ne mettono

6. ci si

OI + ODRci si avvicina

ci si avvicinano

OD(ci) + impers. ci si chiama

OI(ci) + impers.ci si parla

loc. + impers.ci si mangia bene

loc. + ODRci si lava

ci si lavano

loc. + OIRci si scrive una lettera

ci si scrivono una lettera

ODR(si) + impers.ci si vede nello specchio

OIR(si) + impers.ci si scrive una lettera

7. gli + ci

OI + ODgli ci presentano

OI + ODRgli ci presentiamo

OI + loc.gli ci scrivono

8. gli + mi

OI + ODgli mi presentano

OI + ODRgli mi presento

9. gli + si

OI + ODRgli si avvicina

gli si avvicinano

OI + impers.gli si parla

10. gli ti

OI + ODgli ti presentano

OI + ODRgli ti presenti

11. gli vi

OI + ODgli vi presentano

OI + ODRgli vi presentate

OI + loc.gli vi scrivono

12. gliela

OI + ODgliela danno

13. **gliele**

OI + ODgliele danno

14. **glieli**

OI + ODglieli danno

15. **glielo**

OI + ODglielo danno

16. **gliene**

OI + ODgliene danno

17. **la si**

OD + impers.la si vede

18. **le ci**

OI + ODle ci presentano

OI + ODRle ci presentiamo

OI + loc.le ci scrivono

19. **le mi**

OI + ODle mi affidano

OI + ODRle mi rivologo

20. **le si**

OD + impers.le si vede

OI + ODRle si avvicina

le si avvicinano

OI + impers.le si parla

21. le ti

OI + ODle ti presentano

Oi + ODRle ti presenti

22. le vi

OI + ODle vi presentano

OI + ODRle vi presentate

OI + loc.le vi scrivono

23. li si

OD + impers.li si vede

24. lo si

OD + impers.lo si vede

25. me la

OI + ODme la danno

OIR + ODme la spedisco

26. me le

OI + ODme le danno

OIR + ODme le spedisco

OD + OIme le presentano

ODR + OIme le presentano

27. me li

    OI + ODme li danno

    OI + ODme li spedisco

28. me lo

    OI + ODme lo danno

    OIR + ODme lo spedisco

29. me ne

    OI + ODme ne allontanano

    OIR + ODme ne allontanoo

    OD + OIme ne scrivono

    ODR + OIme ne spedisco uno

30. mi ci

    OD + loc.mi ci mettono

    ODR + loc.mi ci metto

    OI + loc.mi ci scrivono

    OIR + loc.mi ci spedisco una lettera

31. mi gli

    OD + OImi gli presentano

    ODR + OImi gli presento

32. mi si

    OI + ODRmi si presenta

mi si presentano

OD + impers.mi si chiama

OI + impers.mi si parla

33. mi ti

OD + OImi ti presentano

ODR + OImi ti presento

OI + ODmi ti presentano

OI + ODRmi ti presenti

34. mi vi

OD + OImi vi presentano

ODR + OImi vi presento

OI + ODmi vi presentano

OI + ODRmi vi presentate

OD + loc. mi vi mettono

ODR + loc. mi vi metto

OI + loc.mi vi scrivono

OIR + loc.mi vi scrivo una lettera

35. ne la

ne + DOne la tolgono

36. ne le

ne + DOne le tolgono

37. **ne li**

ne + DOne li tolgono

38. **ne lo**

ne + DOne lo tolgono

39. **se la**

OIR + ODse la prende

se la prendono

40. **se le**

OIR + ODse le prende

se le prendono

41. **se li**

OIR + ODse li prende

se li prendono

42. **se lo**

OIR + ODse lo prende

se lo prendono

43. **se ne**

ODR + nese ne allontana

OIR + ne se ne prende

se ne prendono

impers. + nese ne parla

44. **te la**

    OI + ODte lo danno

    OIR + ODte lo spedisci

45. **te le**

    OI + ODte le danno

    OIR + ODte le spedisci

46. **te li**

    OI + ODte li danno

    OIR + ODte li spedisci

47. **te lo**

    OI + ODte lo danno

    OIR + ODte lo spedisci

48. **te ne**

    OD + nete ne allontano

    ODR + nete ne allontani

    OI + nete ne scrivono

    OIR + nete ne spedisci uno

49. **ti ci**

    OD + OIti ci presentano

    ODR + OIti ci presenti

    OI + ODti ci presentano

OI+ODRti ci presentiamo

OD+loc.ti ci mettono

ODR+loc.ti ci metti

OI+loc.ti ci scrivono

OIR+loc.ti ci spedisci una lettera

50. **ti si**

OD+ODRti si presenta

ti si presentano

OD+impers.ti si chiama

OI+impers.ti si parla

51. **ve la**

OI+ODve la danno

OIR+ODve la spedite

loc.+ODve la mettono

52. **ve le**

OI+ODve le danno

OIR+ODve le spedite

loc.+ODve le mettono

53. **ve li**

OI+ODve li danno

OIR+ODve li spedite

loc.+ODve li mettono

54. **ve lo**

OI + ODve lo danno

OIR + ODve lo spedite

loc. + ODve lo mettono

55. **ve ne**

OD + neve ne allontano

ODR + neve ne allontanate

OI + neve ne scrivono

OIR + neve ne spedite uno

loc. + neve ne mettono

56. **vi ci**

OD + OIvi ci presentano

ODR + OIvi ci presentate

OI + ODvi ci presentano

OI + ODRvi ci presentiamo

OD + loc.vi ci mettono

ODR + loc.vi ci mettete

OI + loc.vi ci scrivono

OIR + loc.vi ci spedite una lettera

loc. + ODvi ci mettono

loc. + ODRvi ci mettiamo

loc. + OI vi ci scrivono

loc. + OIRvi ci spediamo una lettera

loc. + loc.vi ci mettono l'aceto

57. **vi si**

OI + ODRvi si presenta

vi si presentano

OD + impers.vi si chiama

OI + impers.vi si parla

loc. + impers.vi si mangia bene

loc. + ODRvi si lava

vi si lavano

loc. + OIRvi si scrive una lettera

vi si scrivono una lettera

58. **vi ti**

loc. + ODvi ti mettono

loc. + ODRvi ti metti

loc. + OIvi ti scrivono

loc. + OIRvi ti spedisci una lettera

OD = oggetto diretto(direct object)

OI = oggetto indiretto(indirect object)

R = riflessivo(reflexive)

ODR = oggetto diretto e riflessivo(direct and reflexive object)

OIR = oggetto indiretto e riflessivo(indirect and reflexive object)

impers. = impersonale(impersonal)

참고문헌

채희락(1996) "한국어의 명사류와 범범주 '소단위들'", *언어와 언어학* *22*, 한국외국어대학교 언어연구소.

황경자 역(1992) Emil Benveniste, *일반 언어학의 제문제 I*, 서울, 민음사.

Abeillé, Anne and Danièle Godard(1994) "The Complementation of Tense Auxiliaries in French", *Proceedings of WCCFL 13*, Stanford, CSLI Publications, pp.157－172.

Abeillé, Anne, Danièle Godard, Philip H. Miller, and Ivan A. Sag(1998) "French Bounded Dependencies", in Sergio Balari and Luca Dini(eds.) *Romance in HPSG*, Stanford, CSLI Publications.

Anderson, Stephen R.(1992) *A－Morphous Morphology*, Cambridge, Cambridge University Press.

Balari, Sergio and Luca Dini(1998) *Romance in HPSG*, CSLI Publications.

Bauer, Laurie(1994) "Affixation as a Means of Word－Formation", in E. Asher and J. Simpson (eds) *The Encyclopedia of Language and Linguistics*, Pegamon Press.

Belletti, Adriana(1982a) "Morphological Passive and PRO－drop: The Impersonal Construction in Italian", *Journal of Linguistic Research 2*, pp.1－34.

Belletti, Adriana(1982b) "On the Anaphoric status of the Reciprocal

Construction in Italian", *The Linguistic Review 2*, pp.101 − 138.

Belletti, Adriana(1988) "The Case of Unaccusatives", *Linguistic Inquiry 19*, pp.1 − 34.

Belletti, Adriana, and Luigi Rizzi(1981) "The Syntax of *Ne*: Some Theoretical Implications", *The Linguistic Review 1*, pp.117 − 154.

Belletti, Adriana, and Luigi Rizzi(1988) "Psych − verbs and Θ − theory", *Natural Language and Linguistic Theory 6*, pp.291 − 352.

Benincà, Paola and Guglielmo Cinque(1991) "Frasi subordinate al participio: participio presente", in Lorenzo Renzi and Giampaolo Salvi (eds.) *Grande Grammatica Italiana di Consultazione*, Vol.2, Bologna, Il Mulino, pp.604 − 609.

Bonet, Eulália(1991) "Morphology after Syntax: pronominal clitics in Romance", MIT, Ph.D Thesis.

Borer, Hagit(1984) *Parametric Syntax: Case Studies in Semitic and Romance Languages,* Dordrecht, Foris.

Borer, Hagit(1986) "I − Subjects", *Linguistic Inquiry 17,* pp.375 − 416.

Borer, Hagit and Yosef Grodzinsky(1986) "Syntactic Cliticization and Lexical Cliticization: The Case of Hebrew Dative Clitics", in Hagit Borer(ed.) *Syntax and Semantics. Vol.19: The Syntax of Pronominal Clitics.* Orlando, Academic Press, pp.175 − 217.

Borsley, Robert(1987) "Subjects and Complements in HPSG", CSLI, Stanford. CSLI Report 107.

Bouma, Gosse, Rob Malouf, and Ivan A. Sag(1997) "Lexicalized Extraction Without Lexical Rules", unpublished manuscript, Stanford and Groningen.

Burzio, Luigi(1982) "D − Structure Conditions on Clitics", *Journal of Linguistic Research 2.2,* pp.23 − 54.

Burzio, Luigi(1983) "Conditions on Representation and Romance Syntax", *Linguistic Inquiry 14,* pp.193 − 221.

Burzio, Luigi(1986) *Italian Syntax,* Dordrecht, Reidel.

Calabrese, Andrea(1988) "I dimostrativi: pronomi e aggettivi", in Renzi

Lorenzo (ed.) *Grande Grammatica Italiana di Consultazione*, Vol.1, Bologna, Il Mulino, pp.549－592.

Chae, Hee－Rahk(1992) *Lexically Triggered Unbounded Discontinuities in English*, doctoral dissertation, Ohio State University.

Cinque, Guglielmo(1981) "On the Theory of Relative Clauses and Markedness", *The Linguistic Review 1,* pp.247－294.

Cinque, Guglielmo(1988) "On *Si* Constructions and the Theory of *Arb*", *Linguistic Inquiry 19*, pp.521－581.

Cinque, Guglielmo(1990a) "Ergative Adjectives and the Lexicalist Hypothesis", *Natural Language and Linguistic Theory 8*, pp.1－40.

Cinque, Guglielmo(1990b) *Types of Ā－Dependencies*, Cambridge, MA, MIT Press.

Cinque, Guglielmo(1995) *Italian Syntax and Universal Grammar*, Cambridge University Press.

Cordin, Patrizia and Andrea Calabrese(1989) "I pronomi personali", in Renzi Lorenzo(ed.) *Grande Grammatica Italiana di Consultazione*, Vol.1, Bologna, Il Mulino.

Cordin, Patrizia(1989) "I pronomi riflessivi", in Renzi Lorenzo (ed.) *Grande Grammatica Italiana di Consultazione*, Vol.1, Bologna, Il Mulino.

Davis, Anthony(1996) *Lexical Semantics and Linking in the Hierarchical Lexicon*, doctoral dissertation, Stanford University.

Desclés, Jean－Pierre, Guentchéva and Sebastian Shaumyan(1986) "Theoretical Analysis of Reflexivization in The Framework of Applicative Grammar", *Liguisticæ Investigationes 10:1*. Amsterdam, John Benjamins, pp.1－65.

Dixon, Robert M. W.(1994) *Ergativity*, Cambridge Studies in Linguistics 69.

Fillmore, Charles J. and Paul Kay(1995) *(forthcoming)* *Construction Grammar*, Stanford, CSLI.

Fresina, Claudio(1997) "L'auxiliation en Italien", *Liguisticæ Investigationes*

21:1. Amsterdam, John Benjamins, pp.97－138.

Gazdar, Gerald(1981) "Unbounded Dependencies and Coordinate Structure", *Linguistic Inquiry 12*, pp.155－184.

Graffi, Giorgio(1994) *Sintassi*, Bologna, il Mulino.

Graffi, Giorgio(1998) "Structural Subject and Thematic Subject", *Lingvisticœ Investigationes 12:2*, Amsterdam, John Benjamins, pp.397－414.

Halpern, Aaron L.(1998) "Clitics", in Spencer and Zwicky (eds.) *The Handbook of Morphology*, Massachusetts, Blackwell.

Hinrichs, Erhard and Tsuneko Nakazawa(1994) "Linearizing Aux's in German Verbal Complexes", in John Nerbonne, Klaus Netter and Carl Pollard (eds.) *German in HPSG*, Stanford, CSLI Publications, pp.11－37.

Hockett, Charles F.(1958) "Two Models of Grammatical Description", in Martin Joos (ed.) *Readings in Linguistics* (2nd edn.) Chicago, University of Chicago Press.

Kathol, Andreas(1995) *Linearization－Based German Syntax*, doctoral dissertation, Ohio State Univ.

Kathol, Andreas(1997) *Agreement and the Syntax－Morphology Interface in HPSG*, ms, The Ohio State University.

Kayne, Richard(1975) *French syntax: the transformational cycle*, Cambridge, MIT Press.

Kayne, Richard(1989) "Facets of Romance Past Participle Agreement", in Paola Benica(ed.), *Dialect Variation and the Theory of Grammar*, Dordrecht, Foris, pp.85－103.

Kemmer, Suzanne(1993) *The Middle Voice*, Amsterdam/Philadelphia, John Benjamins Publishing Company.

Kim, Jong－Bok(1994) "A Constraint－Based Lexical Approach to Korean Verb Inflection", Ms. Stanford University.

Kim, Jong－Bok(1995) "The Grammar of Negation: a lexicalist, constraint－based perspective", doctoral dissertation, Stanford Univ.

Kim, Jong－Bok and Ivan A. Sag(1995) "The Parametric Variation of

English and French Negation", in *Proceedings of the Fourteenth West Coast Conference on Formal Linguistics*, Stanford, To appear.

Klavans, Judith L.(1985) "The Independence of Syntax and Phonology in Cliticization", *Laguage 61.*

Koenig, Jean–Pierre(1994) *Lexical Underspecification and the Syntax / Semantics Interface*, doctoral dissertation, Berkeley, University of California.

Lepschy, Anna and Giulio Lepschy(1988) *The Italian Language Today*, London, Routledge.

Lepschy, Giulio(1989) *Nuovi Saggi di Linguistica Italiana*, Bologna, Il Mulino.

Manzini, Maria Rita(1986) "On Italian Si", in Hagit Borer(ed.) *Syntax and Semantics. Vol.19: The Syntax of Pronominal Clitics.* Orlando, Academic Press, pp.241–261.

Mereu, Lunella and Annarita Puglielli(1995) "Considerazioni sui clitici: confronto fra lingue tipologicamente diverse", *Lingua e Stile 30*, pp.527–549.

Miller, Philip(1992) *Clitics and Constituents in Phrase Structure Grammar*, New York, Garland.

Monachesi, Paola(1993a) "Object Clitics and Clitic Climbing in Italian HPSG Grammar", in *Proceedings of the Sixth Conference of the European Chapter of the Association for Computational Linguistics*, Utrecht, pp.437–442.

Monachesi, Paola(1993b) "On Si constructions in Italian HPSG grammar", in Andreas Kathol and Michael Bernstein (eds.) *Proceedings of the Tenth Meeting of the Eastern States Conference on Linguistics*, Ithaca, Cornell University, pp.223–234.

Monachesi, Paola(1993c) "Restructuring verbs in Italian HPSG grammar", in *Papers from the Twenty–Ninth Regional Meeting of the Chicago Linguistics Society*, Chicago, Illinois, CLS, pp.281–295.

Monachesi, Paola(1993d) "The use of nonlocal features in the analysis of

Italian object clitics and clitic climbing", in W. Sijtsma and O. Zweekhorst (eds.) *Proceedings of the third CLIN meeting*, Tilburg, pp.71−82.

Monachesi, Paola(1994) "Towards a Typology of Italian Clitics", in *Papers from the 30th Regional Meeting of the Chicago Linguistic Society*, Chicago, Illinois, CLS, pp.266−280.

Monachesi, Paola(1995a) *A Grammar of Italian Clitics*, doctoral dissertation, Tilburg University.

Monachesi, Paola(1995b) "On the status of the Italian bisyllabic clitic *loro*", in *Proceedings of Langues et Grammaire I*, Paris.

Monachesi, Paola(1995c) "On the status of the Clitic Group", *Paper presented at the 18th GLOW colloquium*, Trömso(GLOW Newsletter 34: 36−37).

Moretti, Giovanni Battista(1992) *L'italiano come seconda lingua*, Perugia, Guerra.

Morin, Yves−Charles(1979) "More remarks on French clitic order", *Linguistic analysis 5*, pp.293−312.

Napoli, Donna Jo(1979) "Reflexivization across Clause Boundaries in Italian", *Journal of Linguistics 15*, pp.1−27.

Napoli, Donna Jo(1981a) "Subject Pronouns: The pronominal system of Italian vs. French", *CLS 17*, pp.249−276.

Napoli, Donna Jo(1981b) "Semantic Interpretation vs. Lexical Governance: Clitic Climbing in Italian", *Language 57*, pp.841−887.

Nerbonne, John, Netter, Klaus and Carl Pollard.(1993) *German in Head −Driven Phrase Structure Grammar*, Stanford University.

Nespor, Marina(1990) "Vowel deletion in Italian: the organization of the phonological component", *The Linguistic Review 7*, pp.375−398.

Nespor, Marina(1994) "The phonology of Clitic Groups", in L. Hellan and H. Van Riemsdijk (eds.) *Clitic Doubling and Clitic Group*, EUROTYP working papers, pp.67−90.

Nespor, Marina and Irene Vogel(1986) *Prosodic Phonology*, Dordrecht,

Foris.

Perlmutter, David(1971) *Deep and surface structure constraints in Syntax.* Holt, Rinehart and Winston, Inc., New York.

Picallo, M. C.(1990) "Modal verbs in Catalan", *Natural Language & Linguistic Theory 8,* pp.285 – 312.

Pollard, Carl and Ivan A. Sag(1994) *Head – Driven Phrase Structure Grammar,* CSLI Publications and University of Chicago Press.

Reape, Mike(1994) "Domain Union and Word Order Variation in German", in John Nerbonne, Klaus Netter, and Carl Pollard(eds.), *German in Head – Driven Phrase Structure Grammar,* Stanford, CSLI Publications, pp.151 – 197.

Regula, M. and J. Jerne(1965) *Grammatica Italiana Descrittiva,* München: Franke Verlag Bern.

Rizzi, Luigi(1978) "A restructuring rule in Italian syntax", in S. J. Keyser (ed.) *Recent transformational studies in European languages,* Cambridge, MIT Press, pp.113 – 158.

Rizzi, Luigi(1981) "Nominative Marking in Italian Infinitives and the Nominative Island Constraint", in F. Heny (ed.) *Binding and filtering,* pp.129 – 158.

Rizzi, Luigi(1982) *Issues in Italian Syntax,* Dordrecht, Foris.

Rizzi, Luigi(1986a) "Null Objects in Italian and the Theory of *pro*", *Linguistic Inquiry 17,* pp.506 – 557.

Rizzi, Luigi(1986b) "On chain formation", in Hagit Borer (ed.) *Syntax and Semantics, Vol.19: The Syntax of Pronominal Clitics,* Orlando, Academic Press, pp.65 – 95.

Rizzi, Luigi(1986c) "On the status of subject clitics in Romance", in O. Jaeggli and C. Silva – Corvalan (eds.) *Studies in Romance linguistics,* Dordrecht, Foris, pp.391 – 419.

Rizzi, Luigi(1989) *Relativized Minimality,* ms., Université de Geneve.

Robins, R.(1959) "In defence of WP", Transactions of the Philological Society, pp.116 – 44.

Rohlfs, G.(1966 – 1969) *Grammatica storica della lingua italiana e dei suoi dialetti: fonetica, morfologia, sintassi e formazione delle parole*, Torino, Einaudi.

Saltarelli, Mario(1981) "Postverbal Subjects in Italian", *CLS 17*, pp.361 – 368.

Sanfilippo, Antonio(1993) "Grammatical Relations in Unification Categorial Grammar", *Lingua e Stile 28*, pp.171 – 200.

Scalise, Sergio(1983) *Morfologia lessicale*, Padova, Clesp.

Scalise, Sergio(1986) *Generative Morphology*, Dordrecht, Foris.

Scalise, Sergio(1994) *Morfologia*, Bologna, il Mulino.

Seuren, Peter(1976) "Clitic pronoun clusters", *Italian Linguistics* 2, pp.7 – 35.

Simpson, Jane and Meg Withgott(1986) "Pronominal Clitic Clusters and Templates", in Borer (ed.) *Syntax and Semantics* 19: *The Syntax of Pronominal Clitics,* pp.241 – 262.

Sportiche, Dominique(1996) "Clitic constructions", in *Phrase Structure and the Lexicon*. Dordrecht, Kluwer.

Stefanini, Ruggero(1982) "Reflexive, Impersonal and Passive in Italianand Florentine", in J. Jaeger et al. (eds.) *Proceedings of the 8th Annual Meeting of the Berkeley Linguistic Society,* pp.97 – 107.

Stump, Gregory T.(1997) "Template morphology and inflectional morphology", in G. Booij and J. van Marle (eds.) *Yearbook of morphology 1996*, Dordrecht, Kluwer.

Trask, Robert Lawrence(1993) *A Dictionary of Grammatical Terms in Linguistics*, New York, Routledge.

Wanner, Dieter(1977) "On the order of clitics in Italian", *Lingua 43*, pp.101 – 128.

Wechsler, Stephen M.(1995) *The Semantic Basis of Argument Structure*, Stanford, CSLI Publications.

Zagona, Karen(1988) *Verb Phrase Syntax*. Dordrecht, Kluwer.

Zwicky, Arnold and Geoffrey K. Pullum(1983) "Cliticization vs.

Inflection: English *n't*", *Language* 59.3.

Zwicky, Arnold(1977) *On clitics*, Bloomington: Indiana University Linguistics Club.

Zwicky, Arnold(1985) "Clitics and Particles", *Language* 61.2.

김운용

▌약 력

한국외국어대학교 이탈리아어과 학사 / 석사
한국외국어대학교 언어인지과학과 박사
이탈리아 시에나 대학교 박사후 과정(Post - doc)

▌저서

2004년, 『이탈리아어 문법』

▌역서

1996년 공역, 『꼬레아 꼬레아니』

이탈리아어 통사론

초판인쇄 | 2008년 11월 22일
초판발행 | 2008년 11월 22일

지은이 | 김운용
펴낸이 | 채종준
펴낸곳 | 한국학술정보㈜
주 소 | 경기도 파주시 교하읍 문발리 513-5 파주출판문화정보산업단지
전 화 | 031) 908-3181(대표)
팩 스 | 031) 908-3189
홈페이지 | http://www.kstudy.com
E-mail | 출판사업부 publish@kstudy.com

등 록 | 제일사-115호(2000. 6. 19)
가 격 | 24,000원

ISBN 9[illegible] (Paper Book)
      978-89-534-7520-5 98780 (e-Book)